聖徳太子像

法隆寺に伝来した唐本御影《とうほんみえい》と称される絵像。推古5年(597)に来日した百済《くだら》の王子阿佐《あさ》太子が聖徳太子と2人の王子を描いたものと伝えられ,「阿佐太子像」と称されたが,実際には7世紀後半以後の作と考えられる。一方で,これを聖徳太子の肖像とすることに疑念を抱く向きもある。(宮内庁所蔵)

天寿国繍帳《てんじゆこくしゆうちよう》

聖徳太子の妃橘大郎女《たちばなのおおいらつめ》が，太子の死後，天寿国に遊ぶ太子の様子を描かせたもので，渡来系の画工に下絵を描かせ，采女《うねめ》に刺繍させたという。法隆寺に隣接する中宮寺にその断片が伝わり，またここに記された銘文が『上宮聖徳《じようぐうしようとく》法王帝説《ほうおうていせつ》』に収められている。現存する日本最古の刺繍として国宝に指定されている。(中宮寺所蔵)

日本の名僧 …………… 1

和国の教主

聖徳太子

本郷真紹［編］

吉川弘文館

目次

口絵

挿図

挿表

厩戸皇子の面影

直木孝次郎

「私の聖徳太子」という題を与えられたが、この題で聖徳太子（五七四―六二二）を書くのは若干抵抗がある。ふつう「私の何々」という場合は、私の故郷、私の銀座、私の彼女、というように愛着の思い、換言すると眷恋《けんれん》の情と結びついて用いられるからである。かつて私は『わたしの法隆寺《ほうりゅうじ》』（塙書房、一九七九年）という本を書いた。法隆寺なら眷恋の思いがまつわる。聖徳太子はそうではないが、編集者の意を汲んで私の考える聖徳太子像について書くこととする。ただし厩戸《うまやど》皇子が聖徳や太子と呼ばれるようになるのは、没後七、八十年以上後のように考えられることを注意しておく。

私が日本の古代に関心を持ったのは、もとは万葉集によるが、古代史を学ぼうと思いたったのは、法隆寺の美術に魅せられたためである。まず法隆寺にはじまり、ついで法隆寺と関係の深い――おそらく法隆寺を建立した――聖徳太子に思いが及び、太子を法隆寺の偉大な保護者《パトロン》として尊重・敬愛した。一九四〇年ごろのことである。
そのころは歴史上の人物としての太子の評価は学界でもきわめて高かった。例えば法隆寺の伽藍《がらん》配置が、朝鮮にも例のある四天王寺《してんのうじ》型（塔・金堂・講堂が南北に並ぶ）でなく、塔と金堂《こんどう》を左右に置く法隆寺の形式は太子の独創による、といった讃美である。もっとも伽藍配置の件は、現在の法隆寺より早く、太子存命中に建てられた若草《わかくさ》伽藍の形式が四天王寺式であることがわかって取消された。しかし一度思いこむと、それから脱却することはむずかしい。私はその後、津田左右吉《つだそうきち》（一八七三―一九六一）の著作――主要四著作（『神代史の研究』『古事記及日本書紀の研究』『日本上代史研究』『上代日本の社会及び思想』）は一九四〇年に発禁になったが、古本屋で入手できた――を耽読《たんどく》し、太子の伝記の基本となっている『日本書紀』の記述には後代の造作の多いことを知ったが、すぐにはそれに従えなかった。

例を挙げると、津田は十七条憲法について、内容が氏姓《しせい》制の時代である推古《すいこ》期の実情に適さず、官僚制の整った大化《たいか》以後、おそらく八世紀に書紀編者の述作したものとする。これに対し瀧川政次郎《まさじろう》（一八九七―一九九二）の「十七条憲法と大化改新」（『日本法制史研究』有斐閣）、坂本太郎（一九〇一―八七）の『大化改新の研究』（坂本太郎著作集第六巻）などの批判があるが、私も一九五〇年代に推古朝前後に官人《かんじん》が出現し、官司制《かんしせい》が整備されたことを論じ、「推古朝こそ官吏服務《かんりふくむ》の規定を中心とする憲法が発布されるのに、最もふさわしい時代」で、「瀧川・坂本両博士の驥尾《きび》に付して、十七条憲法を推古朝の作と考えたい」（「政治史上の推古朝」『日本古代国家の構造』青木書店）とした。

しかしその後、官人・官司制が成立したと言っても、私が根拠とした「人制《ひとせい》」も「複姓《ふくせい》」も氏姓制から独立した制度ではなく、むしろ氏姓制を基礎としていることに気づいた。また豪族私有の部民《べみん》が少なくない推古朝に、「国に二君靡《な》し、民に両主なし」（第十二条）という一君万民の思想が謳《うた》われるのは不自然である。大化以後の用語である「国司《こくし》」の語が用いられている（第十二条）のも、津田のいうように不都合である（この点はその後、藤原宮跡出土木簡《ふじわらきゅうあともっかん》によって確認された）。私は一九六五年出版の拙著『古代国家の形成』（中央公論社『日本の歴史』第二巻）で、『日本書紀』の十七条憲法を太子の作とした旧説を棄て、天武《てんむ》・持統《じとう》朝に書かれた可能性が強いことを論じた。

私がこのように考えるに至ったのは、今にして思えば、一九六〇年代に教科書検定の強化、紀元節《きげんせつ》復活運動の激化、神話教育の強調など、津田の記紀批判を否定する風潮の高まりに反発して、自分なりに記紀批判を進めたことによる。右掲の拙著を出版した年は、家永三郎氏（一九一三—二〇〇二）が教科書検定を違法とする訴訟を提起したのと同年である。

記紀批判を深めると、推古元年に廐戸皇子が太子となったことは疑わしく、冠位十二階《かんいじゅうにかい》を彼が制定したとする通説も疑問となる。もちろん廐戸は用明天皇《ようめい》（？—五八七）の長子で、長ずるに従って政界での地位は高まったであろうが、政治を主導したのは廐戸の妃刀自古郎女《とじこのいらつめ》の父、つまり舅《しゅうと》で大臣《おおおみ》の地位にあった蘇我馬子《そがのうまこ》（?—六二六）であろう。仏教興隆には廐戸の功績が少なくなかったことは事実であろうが、大化元年（六四五）の孝徳《こうとく》天皇（?—六五四）の詔《みことのり》では、馬子の功績のみを挙げて、廐戸皇子にはひとことも触れていない（『日本書紀』）。『法華義疏《ほっけぎしょ》』をはじめとする『三経義疏《さんぎょうぎしょ》』述作の所伝も、疑問を入れる余地がある。

およそ以上のようなことをまとめて、一九七九年「聖徳太子伝」と題して雑誌『歴史と人物』（同年十二月号、中央公論社）に発表した。大体のところはその後も変わらない。

ただいまとくに思うのは、右の論文にも書いたが、強大な蘇我氏の勢力に取りまかれながら、天皇（大王）家の立場を守るために廐戸は努力していたのではないか、ということである。もし馬子ベッタリなら、その子の山背大兄王《やましろのおおえのおう》（?—六四三）をはじめ一族全体が蘇我入鹿《いるか》（?—六四五）によって滅ぼされはしなかったであろう。こう考えると、廐戸の生涯とくに晩年は、悲劇的な様相を帯びてくる。

『日本書紀』によれば、廐戸の政治的活動は推古十二年（六〇四）の憲法肇作《ちょうさく》以後は、推古二十八年の『天皇記・国記』以下の書を馬子と議して録した以外は、ほとんど見られない。その間、十五・十六年に小野妹子を隋に派遣したことには関与した可能性があるが、それを考慮に入れても晩年の一〇年は政治的には失意の状態にあったのではなかろうか。
その一〇年を廐戸はどうすごしたか。仏教の信仰に沈潜したとするのが一般の理解であろう。廐戸の死後に、彼に仕えた妃の橘大女郎《たちばなのおおいらつめ》や采女たちによって造られた「天寿国《てんじゅこく》繍帳《しゅうちょう》」の銘には、「世間は虚仮《こけ》、唯《ただ》仏のみ是れ真なり」という語を残したとある。廐戸皇子が悟りの境地に達したと見ることもできるが、政治の空しさを知り、仏に頼らざるをえなかったことの告白ではあるまいか。そう思ったとき、胸中にはじめて廐戸への親愛の情がわいてきた。

史料を調べること

――元興寺の塔の露盤銘について――

林　幹　彌

近ごろ、若い人たちが、聖徳太子について、まさに突飛な説というか、お話という類《たぐい》のことを発表している。そういえば、何年も前に、宇都宮で頼まれて聖徳太子の話をした。終わって、司会者が「聖徳太子は突厥《とっけつ》（トルコ族の遊牧民）の子孫といっているが、これについて先生のお考えは?」ということを、真顔で質問してきた。誰の説だか名前も記憶していないが、そんな話が東京でも出てきたのには驚いた。そんな類の説を、いい年をした人たちが持ち上げている。たしか、それを受けて、もう聖徳太子の話はやめにする、というコメントがあった。一体何を考えているのか。上宮王《かみつみやおう》と呼ばれた人が、聖徳太子と呼ばれたのは、その人物が亡くなってから、何年か経って、『日本書紀』でいえば、推古《すいこ》(五五四―六二八)の次に即位した舒明《じょめい》(?―六四一)が、上宮王の遺志を享《う》けて、法起寺《ほっきじ》の建立に従い、その露盤銘《ろばんめい》に「上宮太子聖徳皇」といい、さらに現存最古の漢詩集の天平勝宝三年(七五一)の序文に聖徳太子という名が初めて見える。これは、家永三郎博士が、アジア太平洋戦争中に発表された説である。こんな説には目もくれず、遮二無二自説を陳べている。

そんなことで、学問している、といえるのか。用語の理解も出来ていない。そのために、ちゃんと存在する塔もブチ壊されてしまう。金石文《きんせきぶん》もちゃんと読んでいない。これをちゃんと読めば、『日本書紀』という本がどんな本か理解されるわけである。それを明確にしなければ本当のことはわかるまい。

こういう手続きを踏まずに、太子伝を引っくりかえしても本当のことはわかるまい。大事なことは史料を探すことである。その史料を徹底的に調べることである。聖徳太子はどこにいたのか、父母は、蘇我物部《そがもののべ》戦争は、道後《どうご》の温泉に行ったのは何のためか、これらが近ごろの情報のなかに見えている。これらを活用することで、何百年も変わっていない聖徳太子の本当の姿が見えてくる。

そして、天平十九年（七四七）勘録《かんろく》の『元興寺伽藍縁起《がんごうじがらんえんぎ》幷流記資財帳《ならびにるきしざいちょう》』の最末のところで、

難波天皇(孝徳)之世、辛亥年(白雉二年)正月五日、授塔露盤銘

といって、これに続けて元興寺の塔の露盤銘と丈六仏《じょうろくぶつ》の光背銘《こうはいめい》を続けて記す。元興寺は、孝徳の仏教興隆政策の一環として完成されたもので、元興寺が、蘇我氏の滅亡によって、事業が継続できなかったものを、このときに、孝徳が完成させた、ということであり、したがって、次に見る露盤銘は、このときのもの、と考えられる。

大和国天皇斯帰斯麻《しきしま》宮治天下名阿末久尓意斯波羅岐比里尓波弥己等之奉仕、巷宜名伊《い》那米《なめ》大臣時、百済国正明王上啓云、万法之中、仏法最上也、是以、天皇并大臣聞食弖宣、善哉、則受仏法造立倭国、然天皇・大臣等受報之尽故、天皇之女佐久羅韋等由良宮治天下ク(ママ)於等己弥居加斯夜(ママ)比弥乃弥己等世、及甥名有麻移刀(ママ)等刀弥々乃弥己等時、奉仕巷宜名有相(ママ)明了〔子〕大臣為領、及諸臣等讃云、魏〔巍〕々乎、善哉々々、造立仏法、又(父)天皇・父大臣也、即発菩提心、誓願十方諸仏、化度衆生、国家太平、敬造立塔廟、縁此

福力、天皇臣及諸臣等、過去七世父母、広及六道四生、々々処々、十方浄土、普因比願、皆成仏果、以為子孫世々不忌莫絶綱紀、名建通寺、戊申始請百済寺名昌王法師及諸仏等、改遣上釈令照律師・恵聡法師・鏤盤師将徳自昧淳・寺師文羅末大父賈古子、瓦師麻耶文奴・陽貴文・布陵貴・昔麻帝弥、令作奉之、山東漢大費直、名麻高垢鬼、名意等加斯費宜也、書人百加博士・陽古博士・丙辰年十一月、既尓時使作全人等意奴弥首名辰星也、阿沙都麻首名未沙乃也、鞍部首名加羅尓也、山西首名都鬼也、以四部首為将、諸手使作奉也、

〈大和国の天皇斯帰斯麻宮に天の下治ろしめしし、名は阿末久尓意斯波羅岐比里尓波弥己等に仕へ奉る、巷宜の名は伊那米大臣の時、百済国の正明王は上啓して云く、万法の中に仏法は最上なり。是を以て、天皇幷びに大臣聞食して宣はく、善き哉と。則ち、仏法を受け倭国に造立す。然るに天皇、大臣等、報の尽くるを受く。故に天皇の女佐久羅韋等由良宮に天の下治ろしめしし等己弥居加斯〔支〕夜比弥乃弥己等の世、及び甥名は有麻移刀〔已〕等弥々乃弥己等の時、仕へ奉る巷宜の名は有明子大臣を領として、及び諸臣等、讃めて云く、魏々たり、善き哉善き哉と。仏法を造立せるは、天皇と父大臣なり。即ち、菩提心を発して誓願すらく、十方諸仏、化度衆生、国家太平、敬んで塔廟を造立し、此の福力に縁りて、天皇の臣及び諸臣等、過去七世父母、広く六道の四生に及ぼし、生々処々、十方浄土、普く此の願に因り、広く仏果を成じ、

以て子孫世々不忌ず、綱紀を絶つこと莫しとせん。建通寺と名く。戊申に始めて百済寺の名は昌王法師及び諸仏等、故に上釈令照律師・恵聡法師を遣す。鏤盤師将徳自味淳を請じ、寺師文羅末大父賈古子、瓦師麻耶文奴・陽貴文・布陵貴文・昔麻帝弥をして作らしむ。奉はる者は、山東漢大費直、名は麻高垢鬼、名は意等加斯費直なり。書く人は百加博士・陽古博士、丙辰年十一月既尓時、全文を作らしむ。等意奴弥首名は辰星なり。阿沙都麻首、名は未沙乃なり。鞍部首名は加羅尓なり。山西首名は都鬼なり。以四部首を以て将と為し、作り奉はらしむるなり。〉

というもので、この銘文は、転写を重ねるうちに生じた、と思われる誤字・脱字が見え、文意をとるのを難しくしている。元興寺のことをいうより、建通寺の名も見え、欽明・推古と蘇我稲目・馬子の名が見え、これにウマヤドノトヨトミミノミコトすなわち上宮王が、推古と並列に記されている。いいかえれば、上宮王を推古の太子としてではなく、飛鳥の推古と対立する斑鳩の王、ということを匂わせていることは、孝徳の上宮王観がほの見えて、興味がある。

これに続けて、丈六光銘なるものを記す。

丈六光銘曰、天皇名広庭、在斯帰斯麻宮時、百済明王上啓、臣聞、所謂仏法、既是世間無上之法、天皇亦応修行、擎奉仏像・経教・法師、天皇詔巷哥名伊奈米大臣、修行茲法、故仏法始建大倭、広庭天皇之子多知波奈土与比天皇、在夷波礼漬〔瀆〕辺宮、任性広慈、倍重三宝、損棄魔眼、紹興仏法、而妹公主名止与弥挙哥斯岐移比弥天皇、在楷井等由羅宮退、盛瀆辺天皇之志、亦重三宝之理、揖命瀆辺天皇之子名等与刀弥々大王、及巷哥伊奈米大臣之子名有明子大臣、聞道諸王子教緇素、而百済恵聰法師・高麗恵慈法師・巷哥有大臣長子名善徳為領、以建元興寺、十三年歳次乙丑四月八日戊辰、以銅二万三千斤、金七百五十九両、敬造尺迦丈六像、銅繍二軀并挟侍、高麗大興王、方睦大倭、尊重三宝、遥以随喜、黄金三百廿両、助成大福、同心結縁、願以慈福力、登遐諸皇、遍及含識、有信心不絶、面奉諸仏、共登菩提之岸、速成正覚、歳次戊辰、大隋国使主鴻艫寺掌客裴世清、使副尚書祠部主事遍光高等来奉之、明年己巳四月八日甲辰、畢竟坐於元興寺、

〈天皇名は広庭、磯城島の宮に在しますとき、百済の明王上啓すらく、臣聞く、所謂る仏法は既に是れ世間の無上の法なり。天皇亦た応に修行して、仏像・経教法師を擎げ奉らしめんとしたまふ。天皇、蘇我の稲目の大臣に、茲の法を修行せしめたまふ。故に仏法始めて大倭に建つ。広庭天皇の子橘豊日天皇、磐余の瀆辺宮に在しませり。任性《ひととなり》広く慈しみたまふ。倍《ますます》三宝を重んじたまひ、魔眼を損棄《すて》て、仏法を紹興したまふ。而して、妹の公主《ひめみこ》名は豊御食炊屋媛天皇、楷井《さくらい》豊浦宮に退きて、瀆辺天皇の志を盛にしたまひ、亦た三宝の理を重んじ、瀆辺天皇の子名

は豊聡耳大王、及び蘇我稲目大臣の子名は馬子大臣も道を聞き、諸王子は緇素を教へ、而して百済恵聰法師・高麗恵慈法師は、蘇我馬子大臣の子名は徳善を領と為し、以て元興寺を建て、十三年歳は次る乙丑（六〇五）のとし四月八日戊辰に、銅二万三千斤、金七百五十九両を以て、釈迦丈六像の銅と繡との二躯と幷びに挟侍を敬造せしむ。高麗大興王は方に大倭と睦み、三宝を尊重し、遥に以て随喜し、黄金三百二十両を助成して、大福田心を結縁す。願くは茲の福力を以て、諸星に登遐し、遍く含識に及ぼし、有信の心を絶えざらしめ、諸仏に面奉し、共に菩提の岸に登り、速に正覚を成ぜん。歳は戊辰（推古十六年、六〇八）に次るのとし、隋国使主鴻艫寺掌客裴世清・使副尚書祠部主事遍光高等来り奉る。明年己巳四月八日甲辰に、畢竟に、元興寺に坐せしむ。〉

これは、今までほとんど手がつけられたことはない。これを正面《まとも》に考えたら、『日本書紀』の記事は全く怪しいものになる。それが恐ろしいから、誰も近寄らなかったのか、或いは本当に気がつかないのか。あっても、最後の隋使の元興寺安置の条を削って紹介しているから、これを利用したものは、この銘文を、推古朝のもの、という。おかしな話である。

この銘文について、鎌倉時代に、元興寺で盗まれた、という記事が『鎌倉遺文』に見えている。面白いことに発展するのだが、与えられた紙面も超過したので、目下、『上宮王』

について、伝記を製作中なので、そのときお目に掛ける。
ともかく史料を徹底的に見ることである。それがなければ、面白い話も出てこない。

「聖徳太子」から大和飛鳥の厩戸王子へ

門脇禎二

子供のころ——アジア太平洋戦争中——の私たちには、歴史の偉人は聖徳太子ではなかった。楠《くすのき》正成《まさしげ》（?—一三三六）や東郷《とうごう》平八郎《へいはちろう》（一八四七—一九三四）であった。それでも中学（旧制）になると、聖徳太子やその十七条憲法のことを教わったが、強調して教わったのは「以《い》和《わ》為《ゐ》貴《き》（和を以て貴しとなす）」より「承《しょう》詔《しょう》必《ひっ》謹《きん》（詔を承りては必ず謹め）」であった。しかし、敗戦後の教科書では、聖徳太子は蘇我《そが》氏の横暴に抗した平和主義者、仏教をもって文化立国をめざした理想主義者となった。このような聖徳太子像に、私はそれほど関心をもっていたわけではない。

聖徳太子に関心をもちはじめたのは、飛鳥《あすか》史の研究に入ってからであった。飛鳥史の研究には何よりソガ（蘇我）氏の検討が不可避と考え、その作業に入った。そのなかで、聖徳太子については、主に二つの点が印象に残った。

一つは、まず、できるだけ詳細なソガ氏の系図を作った。すると、厩戸王子は、父母両系ともソガ腹で、いわばソガ系純血統の最初の王子だ、と気づいた。これは、以後、推古《すいこ》朝の政治・文化についてはもとより、「大化前代」などとして推古朝と舒明《じよめい》・皇極《こうぎよく》朝との王統の変化の意味も見ない論説への批判に、意外に大きな手がかりとなった。

二つは、小倉豊文『聖徳太子と聖徳太子信仰』（初版、綜芸舎、一九六三年〈増補版は、同、七二年〉）を読んでうけた感銘である。つまり、聖徳太子の実像＝厩戸王子と信仰対象とされた聖徳太子との違いの再確認であり、厩戸王子は飛鳥史の再構成のなかに位置づけて考察できる、と確信をえた。さらに、この本は、三千数百枚の原稿・図版を原爆と戦災ですべて失ったあと、著者が病床で口述・筆記されたものという。この点も含めて、実証主義の学風のうちにも、戦時下の思潮に乗じる「承詔必謹」重視の言説に抗した学説がここにもあった、と感銘を頂いた。

厩戸王子の存在も意識して推古朝の検討に入ったとき、右の二点から最も共感できたのは、北山茂夫先生（一九〇九―八四）のソガ馬子・厩戸王子による二頭政治説であった（『飛鳥朝』国民の歴史3、文英堂、一九六八年）。厩戸王子一族の斑鳩《いかるが》移住の理解には、考古学的知見からの石上《いそのかみ》神社─竜田《たつた》道《みち》─南河内《みなみかわち》ルートを説く坪井清足《きよたり》氏（一九二二─）の教示が参考になった。これらから、飛鳥・斑鳩を二極とする政権の在り方と、両者をとりしきったソガ馬子の優れた人物像が見えてきた。この間には、親撰説・偽撰説が長らくつづいている『三経《さんぎょう》義疏《ぎしょ》』に関して、藤枝晃《あきら》氏（一九一一─九八）の、伝来した敦煌《とんこう》文書によったとする偽撰説（『聖徳太子集』〈日本思想大系2〉の解説。岩波書店、一九七五年）は、印象深かった。だが、それらにもまして、我ながら思いの外だったのは、廐戸王子大王説をとらざるをえなくなったことである。難波大郡《なにわのおおこおり》・三韓《さんかんの》館《むろつみ》や筑紫大宰《つくしのたいさい》にかかわって外交史に目を向け、遣隋使《けんずいし》が隋皇帝に対して倭国の王（男帝）・后・太子を説明した件りを検討した結果からである（拙著『「大化改新」史論』上巻、第一章第四節、思文閣出版、一九九一年）。

一方、数年前に、NHKの聖徳太子関係企画の相談をうけた。このとき、若干の私見を述べた。〝ドラマだけでは駄目。今も聖徳太子を信仰する人々は多い。しかも、聖徳太子や飛鳥時代の研究レヴェルは凄く高まったし、関係する文化財は尨大。TVドラマで初めて飛鳥時代へ切り込む意欲はわかるが、右の諸点への配慮が必要〟とである。その後のNHK内での論議は知らないが、三年前に再訪された時には、企画は、ドラマ、「聖徳太子信仰の旅」・「天寿国繡帳《てんじゅこくしゅうちょう》の復元」の制作、「聖徳太子展」開催の四本立てになっていた。それだけに、古代史に関心をもつある市民の会の定期ニュースに、そのドラマを私の「監修」と書いたうえ、史実との違いや小道具の誤りをいくつか挙げたのには閉口し、妙な嫌味さえ覚えた。たしかに、脚本家の相談をうけ、時代相、馬子と廏戸王子との間は開明派のなかでの異和性というイメージ、国際関係……など時代考証の基本点と思うところは述べた。しかし、企画・演出・大小の道具・衣裳・音楽……と、それぞれ専門の担当者の方々があるのに「監修」などできるわけがない。

むしろ、以上のような聖徳太子との若干のふれあいから、今後の廏戸王子研究には何が大切か、気になりはじめている。その点では、天皇中心の国家構想とか仏教理解とかの先駆者としてよりも、独自の民族・民族文化の在り方の必要に気づきはじめていた人物として検討する視角が大切ではないだろうか。飛鳥寺の建造ひとつをとってみても、百済《くだら》・高《こう》句《く》麗《り》文化の影響だけでなく、中国・百済を経て渡来したペルシァ工人が指導したことも実証されている（伊藤義教『ペルシア文化渡来考』岩波書店、一九八〇年）。廏戸王子は、それらにふれて得た広い国際的・先進的知見を、推古朝の歴史的実態のなかから、独自の思念や文化の創出にどのように生かし融合させていくか。それを模索しはじめていたように思われるからである。没後に法隆寺金堂本尊をつくった止利仏師配下の工人も、早くも王子への慕心を示していた（拙著『飛鳥古京』吉川弘文館、一九九四年）。廏戸の王子が、やがて「聖徳太子」へと昇華されていったのは、この辺りから考察していきたい。

一　聖徳太子の魅力

本郷真紹

1　日本仏教の祖

聖徳太子の讃美

「救世観音大菩薩《ぐぜかんのんだいぼさつ》　聖徳皇《しょうとくおう》ト示現《じげん》シテ
多々《たた》ノゴトクステズシテ　阿摩《あま》ノゴトクニソヒタマフ」
「和国ノ教主聖徳皇　広大恩徳《おんどく》謝シガタシ
一心ニ帰命《きみょう》シタテマツリ　奉讃不退ナラシメヨ」

浄土真宗の祖親鸞《しんらん》（一一七三―一二六二）は、多くの和歌（和讃《わさん》）を詠《よ》んだが、そのなかに、聖徳太子の徳を讃《たた》えた一連の和讃がある。この二首もその類で、聖徳太子を「和国の教主」と称し、その住居であった斑鳩宮《いかるがのみや》の故地に建てられた夢殿《ゆめどの》の本尊救世観音の示現と受け止めるなど、親鸞の太子に対する思いが人並みでない様子を窺わせている。

図1　夢　　殿

親鸞といえば、二十年の比叡山修行時代を経て、京都黒谷《くろだに》の法然《ほうねん》（一一三三―一二一二）のもとに参じ、彼に師事したことで知られるが、そのきっかけは、聖徳太子ゆかりの六角《ろっかく》堂《どう》に参籠《さんろう》中、太子の夢告《むこく》を受けたことであったと伝える。もとより、天台宗の僧には、宗祖最澄《さいちょう》（七六七―八二二）以来聖徳太子に対する熱い思い入れのあったことが知られるが、天台宗のみならず、日本に成立した仏教の諸宗派において、聖徳太子を日本仏教の祖として仰ぐ傾向は共通して見受けられるものであり、今日なおその伝統は受け継がれていると言ってよい。このような聖徳太子に対する信仰（太子信仰）は、奈良時代中期の天平《てんぴょう》年間より高まり、平安期に著されたさまざまな太子関係の伝記により、さらに太子の人格に脚色がなされたと受け取られるが、その根源は、やはり何と言っても、奈良朝初期に編纂された『日本書紀』の伝える太子関係の記事であった。

敏達《びだつ》三年（五七四）、用明《ようめい》天皇と穴穂部《あなほべの》間人《はしひと》皇后（?―六二一）の間に誕生した廐戸皇子《うまやどのおうじ》すなわち聖徳太子は、叔母《おば》にあたる推古天皇の即位に際して皇太子・摂政《せっしょう》の地位に就き、大臣《おおおみ》蘇我馬子《そがのうまこ》とともに朝廷を主導する立場となった。推古十一年（六〇三）に冠位《かんい》十二《じゅうに》階《かい》を制し、翌年十七条憲法を著し、また推古十五年（六〇七）には小野妹子《おののいもこ》を遣隋使《けんずいし》として派遣するなど、画期的な政策を次々に打ち出し、新たな国家体制の確立に大きく寄与したが、その一方で、父方・母方双方で蘇我氏の女性を祖母にもち、幼少より深く仏教を信仰したと伝える太子は、飛鳥寺《あすかでら》に住した高句麗《こうくり》僧慧慈《えじ》（?―六二三）や百済《くだら》僧慧聰《えそう》に師事して仏法を学び、天皇にも経典の講説を行うとともに、その注釈書を執筆するなど、俗人身分とは言え、出家者に比して遜色《そんしょく》ない仏教の精神の理解と深い信仰心を有し、その興隆に尽力した。いまだ仏教信仰が日本の社会に十分に普及していない段階で、太子の仏教興隆に果たした役割はきわめて大きく、それゆえ後世太子をもって日本仏教の礎《いしずえ》を築いた最大の功績者として讃える風潮が一般化したのである。

蘇我氏と仏教　もっとも、推古朝以前の朝廷における仏教受容をめぐる動向や、飛鳥寺の存在を考えればすぐに納得できるように、蘇我氏と仏教の関係にはきわめて緊密なものがあり、先述のように太子の信仰もまた、その影響で醸成《じょうせい》された部分の大きいものであったが、蘇我氏があくまで政治的に仏教を利用せんとして興隆を図ったのに対し、太子は仏教の神髄《しんずい》を会得《えとく》して本来の仏教信仰の意義を追求しようとしたと説かれる。蘇我仏教と太子の仏教は、質的に全く異なるものであり、後者こそが本来の信仰の有り様と評価された。周知の通り、蘇我氏は大化元年（六四五）の乙巳《いっし》の変で中大兄《なかのおおえの》皇子《おうじ》（六二六―六七一）や中臣鎌足《なかとみのかまたり》らにより討滅され、その後いわば国賊《こくぞく》的な評価を付されたこともあり、日本仏教史上で蘇我氏の仏教を高く評価する論調は、今日に至るまでほとんど見受けられなかったのである。

2　揺らぐ太子像

近年の研究　ところが、近年になって、太子関係の史料の分析を通じ、その信憑性《しんぴょうせい》を議論する向きが強まってきた。後世の編纂《へんさん》史料でなく、第一級史料として信頼される場合の多い金石文《きんせきぶん》についても、後世の追補《ついほ》という評価がなされ、編纂史料と同等に扱い、文の内容については慎重に検討し直す必要のあることが強調されるようになり、ついには、太子関係の史料から疑いなく史実と確認しうる要素はほとんど存在せず、後の段階で何らかの必要性から特殊な英雄像として作り上げられたという議論まで出現するに至っている。確かに、聖徳太子の具体的な事績を記録する『日本書紀』について、その記事をすべて事実として受け止めるのが危険なことは殊更《ことさら》指摘するまでもなく、『日本書紀』以後に成立した史料についても、これのみを根拠に論を立てることは無謀《むぼう》以外の何物でもない。その上、同時代史料とされた金石文関係まで、史料的価値としてはこれらと同等となると、受け取り方次第で太子の業績を全く否定しきることすら可能となるのである。

本書の試み　「二　『聖徳太子』像の形成」で詳しく述べるように、天皇の前身たる大王の基本的な性格、すなわち、伝統的な神祇《じんぎ》信仰における最高の祭祀権者《さいしけんしゃ》として位置づけられたという点からすれば、その跡継《あとつ》ぎと目された聖徳太子が熱心に仏教を信仰し、その普及に尽力するという姿勢には、少なからず疑念《ぎねん》を抱かざるを得ないものと言える。後世のように、仏教と神祇信仰との論理的融合（神仏習合）がいまだなされていない段階においては、尚更《なおさら》である。さらに、推古朝の仏教興隆については、諸般の事情から察して蘇我氏がその推進主体であった可能性はきわめて大きく、聖徳太子と仏教との関係も、むしろその一環として受け止めた方が妥当《だとう》と目される部分も少なくない。そこで、これまでの通説的な評価は一旦さておき、改めて聖徳太子の事績を検討し直す必要があるように思われるが、本書は、その課題に対する多角的な試みという側面を有するものと言えよう。

今後さらに聖徳太子論は、考古学的な研究成果も併《あわ》せて緻密《ちみつ》な実証的研究が重ねられ、新たな知見が呈されることと思うが、現時点での研究段階の総括として、本書を受け止めて頂ければと願っている。

二 「聖徳太子」像の形成

本郷真紹

1 『日本書紀』成立期の国家・王権と宗教

『日本書紀』成立期の動向 聖徳太子の事績について、事実と見なしうるか否《いな》かを判定し、内容について一定の評価を行おうとする場合、まず第一に注意すべきは、史料自体の性格を考慮し、記事執筆のスタンスを踏まえて検討する必要があるということである。成立年代が明確で、かつ太子の生涯全般にわたる最も古い段階の記録という点では、『日本書紀』が根本の史料たることは言うまでもない。しかし、この『日本書紀』が、とくに大化前代《たいかぜんだい》と呼ばれる七世紀前半以前の段階の記録について、何かと問題視される史料であることも共通の認識である。とすれば、まずは『日本書紀』が成立した養老《ようろう》四年（七二〇）の直前、七一〇年代のころの情勢を把握し、執筆のスタンスを確認したうえで、具体的な検討に入る必要があろう。

七一〇年代と言えば、元明《げんめい》天皇・元正《げんしょう》天皇という女帝が二代続いた時代に相当する。大宝元年（七〇一）から同二年にかけて大宝律令《たいほうりつりょう》が制定・施行され、和銅三年（七一〇）には平城遷都が行われて、まさに新たな律令体制の確立に向けての努力がなされていた。これに伴い、藤原京内あるいはその近隣に位置した諸寺院の移転もすすみ、また、宮都《きゅうと》の造営と並行して養老律令という新しい律令の編纂事業も進められた。このような時代に、『日本書紀』の編纂が行われたのである。

律令国家の僧尼統制　時期的な点に鑑み、当時の国家・王権と仏教の関係について、基本的な構造を確認しておきたい。

仏教の担い手たる僧尼の集団は、俗権《ぞくけん》（国家・王権）から相対的に自立した体制をいまだ確立して居らず、俗権の全面的な管理統制下に置かれていた。持統《じとう》十年（六九六）に制度化された年分度者《ねんぶんどしゃ》、すなわち、毎年国ごとに一〇名の出家者を再生産するという方針は、僧尼の生産を国家の管理下に置くことを意味した。中国ではすでに、出家者集団と俗人集団の属性の相違が強く意識され、俗権の長たる皇帝に対しても、出家者はこれを崇敬する必要を有しないという、『沙門不敬王者論《しゃもんふけいおうじゃろん》』といった書物が、五世紀初頭に晋《しん》代の高僧である慧遠《えおん》（三三四―四一六）により著され、俗権に対する教権《きょうけん》の相対的自立性が意識されていたが、当時の日本ではこのような意識は認められず、僧尼はあくまで俗権の支配する社会階層の一つとして捉えられ、その生産＝出家についても、国家の認可を得て初めて公民身分を脱することができるというシステムが確立された。個別人身支配《こべつじんしんしはい》という律令政府の公民支配体制からすれば当然とも言えるが、国家の認可を得た僧尼は、戸籍《こせき》を除かれ、新たに僧尼名籍《みょうじゃく》に記載されて、やはり国家の管轄下に置かれる存在となり、以後家族＝戸《こ》に代わり、これも国家の掌握下にある寺院に所属するものとして把握されるに至ったのである。この手続きを経て初めて僧尼は課役《かやく》免除等の特権を享受し、生活の糧《かて》も所属する寺院を通じて給せられることとなった。さらに、僧尼としての生活を送るうえでは、仏教の内部規律的な戒律《かいりつ》に加え、国家が制した僧尼令《そうにりょう》をはじめとする諸法令の遵守《じゅんしゅ》が義務づけられることとなる。

仏教導入の必然性　律令国家にとって最重要な信仰の体系は、伝統的な権威を持ち、王権の存在基盤でもある神祇《じんぎ》に対する信仰であった。この伝統的信仰と新来の仏教の併用を図った律令政府は、唐の道先仏後《どうせんぶつご》、すなわち、道教を第一国教、仏教を第二国教とする体制に倣い、神祇を第一国教、仏教を第二国教として位置づけたのである。律令制社会の安寧《あんねい》を保障する機能は神祇に優先的に委《ゆだ》ねられ、仏教は基本的にこれを補完する機能と、仏教独自に期待された機能とを担わされた。

仏教のもつ前者の機能は、例えば社会異変の際などに神祇とともにその修正を図る機能であり、後者の機能は、仏教独自の感覚的な効果、すなわち、大陸伝来の最新の技術で建立された斬新な形態の寺院伽藍《じいんがらん》や仏像といった仏教建築と美術、それに、剃髪《ていはつ》し黒衣《こくえ》・袈裟《けさ》を身に纏《まと》った異形《いぎょう》の僧尼が醸《かも》し出す独特の雰囲気というような感情支配の効果や、経典《きょうてん》に含まれる成文化された論理を利用した王権の正当性の保証、あるいは、治病《ちびょう》や死者追善《ついぜん》といった、神祇信仰で忌避《きひ》された穢《けが》れに通ずる側面における呪術的な担い手としての役割等がこれに該当する。端的に言えば、仏教は主として、国家・王権の思想・感情支配の手段として機能せしめられたのであり、信仰といっても、それはあくまで仏教独自の現世利益《げんぜりやく》と後世安穏《ごせあんのん》を見返りとする部分に限られた範囲でのものであったと言うことができる。

しかし、経論の存在に窺われるように、成文化された体系的な救済の論理を有する仏教とは異なり、神祇信仰は教義書を有さず、また、元来それぞれの地域で独自に展開してきた別個の神々に対する信仰を、天神地祇《てんじんちぎ》として国家の側で体系化を図ったこの信仰においては、出自《しゅつじ》や地域の限界を超越した普遍的な救済を説く仏教とは対照的に、地域的あるいは氏族的偏向性のきわめて濃厚な特性を有していた。このような神祇信仰の偏向性の克服が、統一的な支配体制の構築を目論《もくろ》む律令国家が思想支配を推進するうえでの大きな課題となったが、この点に、仏教の政治的利用を導く素地が存在したのである。

2　『日本書紀』の神仏観

王権の宗教的特質　如上《じょじょう》の点を踏まえ、律令体制成立以前の段階についての『日本書紀』の記載をみれば、とりわけ王権と宗教の関係について、注目すべき部分が幾点か存在することに気づく。

まず第一に、『日本書紀』が欽明《きんめい》十三年(五五二)の出来事として伝える、いわゆる仏教公伝について。周知のように、百済の聖明王から使者が遣《つか》わされ、仏像・幡蓋《ばんがい》・経論が送られてきた。このとき欽明天皇（?—五七一）が受容の可否を群臣に諮《はか》ったところ、大臣《おおおみ》蘇我稲目《そがのいなめ》（?—五七〇）は、西蕃《せいばん》の諸国が仏教を信奉しているということを理由に受容すべきを答申したが、大連《おおむらじ》物部尾輿《もののべのおこし》や中臣鎌子《なかとみのかまこ》は、以下の理由で受容すべきでないことを訴えたという。

「わが国の天下に王として君臨《くんりん》する者は、つねに天地《てんち》社稷《しゃしょく》の百八十神《やおよろずのかみ》を春夏秋冬祭拝することをその務めとしている。今改めて異国の蕃神《ばんしん》を拝むようなことになれば、恐らくわが国の神々の怒りを招くことになろう。」

仏教公伝史料として知られるこの記事の前段部分については、『日本書紀』編纂時に『金光明最勝王経《こんこうみょうさいしょうおうきょう》』等の仏典《ぶってん》の表記を引用して構成されたことが指摘されており、原史料に忠実な表記とは言い難いことが明らかとなっている。この物部尾輿・中臣鎌子のコメントについても、当然『日本書紀』編纂時点で構成された可能性が高いことになるが、もしそうであれば逆に、編纂時点での天皇の属性に対する意識を反映した表記と受け止める必要があろう。すなわち、天皇の基本的な属性は、まさに在来の神祇信仰に依拠した宗教的権威にあり、その最重要な存在意義は、取りも直さず天神地祇の祭祀《さいし》を司る点にあった。行政面あるいは軍事面での指導的力量が必須の要件ではなく、この点にこそ、血統により保障された地位という規制が反映されたのである。この宗教的権威を不可欠の条件とする王権が、異国の信仰たる仏教の秩序に軽々しく身を置くことは、当然慎まねばならない。まして、自国の神を祀《まつ》る神祇に対する異国の神を祀る仏教というように、両者がいわば同質の信仰として、対立的概念で捉えられていた段階においては、王権と仏教の直接の接触は忌避《きひ》すべきものであった。従って、たとえ統治の手段としての有効性を意識して仏教の興隆と統制を図ったにせよ、それは決して、純然たる信仰心に基づく天皇個人の意向が反映されたものとは言えなかったのである。

天皇の宗教的評価　第二に、『日本書紀』に見られる天皇（大王）の評価について。各天皇の宗教に対する姿勢について触れた評価が『日本書紀』に散見する。敏達《びだつ》天皇（?―五八五）の場合は「仏法を信ぜずして文史を愛す」、用明天皇（?―五八七）は「仏法を信じ神道を尊ぶ」、孝徳《こうとく》天皇（?―六五四）は「仏法を尊び神道を軽んず」といった類である。ここで注意すべきは、仏教に対する姿勢の表記が、敏達・用明の場合は「信ず」「信ぜず」、孝徳の場合は「尊ぶ」とされている点である。物部守屋《もののべのもりや》（?―五八七）の進言を受けてのこととは言え、日本史上唯一、天皇みずから廃仏を命じた例の記録される敏達、自身の病から仏教への帰依《きえ》を志したと伝える用明、天皇として仏教興隆の援助を宣したとされる孝徳それぞれの姿勢を踏まえての評価と受け止められるが、質的な点から言えば、敏達・用明の場合は天皇自身の個人的な姿勢の問題として取り扱われ、孝徳の場合は朝廷全体の意向を体現した姿勢として扱われたことから、「信」と「尊」の差異が生じたと見なすことも可能であろう。

さらに言えば、用明・孝徳間の崇峻《すしゅん》・推古・舒明《じょめい》・皇極《こうぎょく》といった天皇に、同様の評価が見受けられないのも気になる点である。とりわけ、聖徳太子が活躍したとされる推古朝については、推古二年（五九四）に天皇みずから聖徳太子と大臣蘇我馬子《そがのうまこ》に詔《みことのり》して仏教の興隆を推進させたとされているのであるから、当然他の天皇にもまして仏教に対する積極的な姿勢が評価されて然《しか》るべきと考えられるのに、なぜかそれは見て取れない。このことからすれば、推古自身の個人的な意向はさておき、少なくとも天皇としての彼女が、主体的に仏教の興隆を志したと見なすことには、以下に述べる事実も考慮して、いささか躊躇《ちゅうちょ》せざるを得ないのである。

推古天皇と神祇　第三に取り上げるのは、『日本書紀』推古十五年（六〇七）二月戊子条に見える詔について。著名な推古十二年の十七条憲法の作成以後、『日本書紀』の記事は、以下のように展開する。

推古十二年四月戊辰条…皇太子、憲法十七条を作る。

　九月条…朝礼を改訂する。この月に黄書《きふみ》画師と山背《やましろ》画師を定める。


同　十三年四月辛酉条…皇太子等に詔し、銅《あかがね》・繡《ぬいもの》の丈六仏像の製作を誓願する。鞍作鳥《くらつくりのとり》を造仏の工《たくみ》とする。

　閏七月己未条…皇太子の命で、諸王・諸臣に褶《ひらおび》を着用させる。

　十月条…皇太子、斑鳩《いかるが》宮に遷《うつ》る。


同　十四年四月壬辰条…丈六仏像完成し、元興寺の金堂《こんどう》に納める。

　この年より毎年灌仏会《かんぶつえ》と盂蘭盆会《うらぼんえ》に設斎《せっさい》す。

五月戊午条…鞍作鳥に勅してその功績を褒賞《ほうしょう》し、大仁《だいにん》の位・近江《おうみ》坂田郡の水田を賜給する。

七月条…皇太子に『勝鬘経《しょうまんぎょう》』を説かせる。

是歳条…皇太子、『法華経』を説く。皇太子に播磨《はりま》の水田一〇〇町を賜給する。

同　十五年二月庚辰条…壬生部《みぶべ》を定める。

つまり、憲法十七条の作成に続き、飛鳥寺《あすかでら》丈六仏像の製作と納入、皇太子講経といった一連の仏教関係記事が連続した後、同十五年二月九日に以下のような詔が出されることになる。

「朕が聞くところでは、むかしわが先祖の天皇たちが世を治めるのに、天地に跪《ひざまづ》いて神祇を拝礼した。あまねく山川を祀り、はるかに乾坤《けんこん》に通じた。これによって陰陽が開け和し、造化共に調《ととの》った。今朕の世において、神祇を祭祀することを決して怠ってはならない。それゆえ、群臣共に心をつくして神祇を祀るべきである。」

この詔を受け、六日後の同月甲午に、聖徳太子と蘇我馬子は百官《ひゃっかん》を率いて神祇を祭拝《さいはい》したという。天皇の意志に基づくという形で仏教興隆が図られる一方で、このような神祇崇拝を強調する詔が出されるというのは、確かに天皇の属性に鑑みて神祇祭祀の重要性が再確認されても当然と受け取られるかも知れないが、記事の配置からすれば、やはりそこには、仏教重視の姿勢に対する批判の意図が込められているような感を禁じ得ないのである。推古といえば、欽明天皇を父に、蘇我稲目の娘堅塩《きたし》媛《ひめ》を母にもつ人物で、同母兄である用明天皇と同様に、母方の蘇我氏の環境下で養育された可能性が高く、それが、「仏法を信じ」た兄帝と同様に、仏教に対して寛容な姿勢を生ぜしめたとも推測される。実際、八世紀中葉に成立した『元興寺伽藍縁起《がんごうじがらんえんぎ》』には、即位前の推古＝大大王の崇仏の姿勢が克明《こくめい》に描かれ、その後宮の後身たる桜井道場《さくらいどうじょう》が豊浦寺《とゆらでら》となったという件りや、彼女の後宮であるがゆえに物部氏らによる廃仏の対象となることを免《まぬが》れたといった、その信仰を誇張するがごとき内容が見えているが、個人的な仏教に対する思惑《おもわく》はさておき、やはり即位後の天皇としての立場を弁《わきま》えれば、過度の仏教との接触は慎むべきと観念されたと考えて大過ないように思われる。とすれば、先に触れた推古二年（五九四）の三宝興隆詔《さんぼうこうりゅうのみことのり》をはじめ、推古朝において推進された一連の仏教興隆政策に関しても、『日本書紀』等の記事を鵜呑《うの》みにして、彼女自身の意向に基づいてなされたものと受け取ることには、やはり慎重にならざるを得ないのではないだろうか。

皇極元年の祈雨　最後に、聖徳太子没後の出来事ということになるが、『日本書紀』に見える皇極元年（六四二）七月から八月にかけての一連の降雨祈願関係記事について。以下のような興味深い記載が存在する。

皇極元年七月戊寅条…群臣が語って言うには、村々で祝部《はふりべ》が教えるところに従い、あるいは牛馬を殺して諸社の神を祭り、あるいはしきりに市を移し、あるいは河伯《かはく》に祈るなどしているが、降雨の効果はないという。そこで、大臣蘇我蝦夷《そがのえみし》は、寺々で大乗経典を転読《てんどく》し、悔過《けか》を行って雨を祈るように言った。

同　七月庚辰条…大寺の南庭に仏菩薩《ぼさつ》の像と四天王像を設《しつら》え、僧を招いて『大雲経』などを読ませた。このとき蘇我蝦夷は手に香炉《こうろ》をとり香を焼いて祈雨を発願した。

同　七月辛巳条…小雨《こさめ》が降った。

同　七月壬午条…雨を祈ることがかなわないので、読経を停止した。

同　八月甲申条…皇極天皇が南淵《みなぶち》の河上に行幸し、跪《ひざまづ》いて四方を拝み、天を仰いで祈ったところ、雷が鳴り大雨が降った。雨が降ること五日にして、天下を潤《うるお》した。そこで天下の百姓はともに万歳《ばんざい》を称《とな》え、「至徳の天皇」と讃《たた》えた。

ここには、当時の民間祭祀《みんかんさいし》とともに、天皇および蘇我氏と宗教との対照的な関係を象徴する要素が認められる。これが間違いなく皇極元年段階で生じた史実か否か、確かめる術《すべ》を持ち合わせていないが、少なくとも『日本書紀』編纂段階での、両者の相違に関する認識を反映したものであることは明白と言わねばならない。

降雨祈願といった、社会の安定に直結するきわめて重要な宗教行事において、村々のレベルでは、伝統的な祝部の教えに従い、種々の方法で祈雨を行っていた。ここでは、殺牛馬や市の移動など、外来的な民間祭祀の影響を示唆する方法での祈願が報告されている。これに対し、蘇我蝦夷は、仏教的な手段を用いての祈願を提言する。大寺の南庭に場を設え、読経と悔過による祈願を行わせた。蝦夷みずから手に香炉を取って発願したが、残念ながら小雨しか降らず、結局中断のやむなきに至った。

そこで天皇みずから南淵の河上に行幸し、四方拝を行って天に祈ったところ、大雨が降り天下を潤したので、天下の百姓は喜び、天皇の徳を讃えたという。結局は、民間レベルでの祭祀、および蘇我氏の仏教による祈願、これらのいわば外来の信仰の手法を踏まえた祈雨が然《さ》したる効果を導かなかったのに対し、天皇の親祭は期待通りの降雨を招いたという件りで、彼女を賛美《さんび》する内容となっているが、ここに示された天皇の姿こそが、本来の基本的な属性を象徴的に表すものと受け取らねばならない。そしてそれは、民間での大陸的な祭祀と蘇我氏の仏教の双方に対してコントラストをなし、到底この両者の追随《ついずい》を許さぬものと評価されたのである。大化前代の段階において、天皇の基本的属性が何処《いずこ》に存したか、また、仏教興隆の主導者が何者であったかを明示しようとした、重要な史料と筆者は受け止めている。

『日本書紀』の神仏観と聖徳太子　以上に指摘した四つの点は、冒頭で述べた『日本書紀』編纂段階での認識であることに相違ないが、王権と宗教との伝統的な関係を窺い知るに十分な要素を提供するものと評価することができる。すなわち、『日本書紀』の編纂時における天皇・国家と宗教との関係を踏まえて、律令国家成立以前の両者の関係を記述する際に、当時の仏教の興隆はあくまで天皇(大王)の意志に基づいて行われ、天皇こそが仏教のみならず宗教全般を統轄《とうかつ》する存在であるという点を強調する必要があったが、同時に、いまだ神仏混淆《こんこう》の現象が国家の側で容認されず、あくまで両者は「相触《あいふ》れぬ」ものと認識されていた段階において、過度の天皇と仏教との接触は、むしろ忌避《きひ》すべきと受け止められた。ところが、少なくとも孝徳朝から天智朝にかけての段階においては、朝廷が主体的に急速な仏教の導入を図り、神祇信仰が等閑《なおざり》にされるような印象がもたれた。この反省に則《のっと》り、天武朝以後の、仏教をあくまでイデオロギー支配装置として扱い、外護者《げごしゃ》としての立場を守らんとした天皇・国家の姿勢を是とする立場で書かれたことが、如上の四点に共通して窺われる要素を導いたと考えられる。ここに見られるイメージをもってすれば、本稿の対象とする聖徳太子の仏教興隆についても、今一度慎重な検討を要する必要のあることが改めて確認できよう。

「皇太子」という用語は「天皇」と同様に後世の認識を反映してのものであろうが、『日本書紀』の伝えるように、聖徳太子が、間違いなく推古天皇の「皇太子」的な地位、つまり皇位継承を予定された地位にあり、かつ「摂政《せっしょう》」として彼女の政務を補佐していたとすれば、当然のことながら、伝統的かつ基本的な天皇の宗教的属性に鑑みて、過度の仏教との接触は、天皇と同様に忌避すべき立場にあったと見なければならない。その立場からすれば、時として天皇が司る神祇の祭祀にも携わる必要があったと考えられる。ところが、諸史料の伝える聖徳太子像は、それとは全く逆に、出家の経歴を有しないものの、出家者以上に仏教思想に深い理解を示し、厚い信仰心をもって、率先して仏教の興隆に尽力した、まさに日本仏教の礎《いしずえ》を築いた英雄として描写されている。例えば、聖徳太子の作にかかるものとして広く認められている憲法十七条にしても、基本的な官人の心得《こころえ》として、天皇に対する忠誠や仏教の崇拝は強調されているのに、なぜか神祇に対する姿勢を説いた部分は全く見受けられない。いかにこの憲法が、当時目標としていた中国の王朝の思想や信仰に範《はん》をとり、それを基盤として認《したた》められたものとはいえ、聖徳太子の「皇太子」としての地位からすれば、いささか奇異な感を禁じ得ないものである。やはりそこには、すなおに『日本書紀』の伝える事柄を事実として容認できない要素が存在すると言わねばならない。後世何らかの意図でもって、事実が歪曲《わいきょく》された可能性が否定できないのである。

3　太子の顕彰とその意義

聖徳太子論の問題点　近年よく目にする聖徳太子論であるが、そこには、聖徳太子の業績を肯定的に評価しようとする向きと、否定的に評価しようとする向きの、全く正反対の方向が見えている。後者の立場に立つ見解では、その論拠として、これまで肯定的に評価された聖徳太子関係史料の綿密な分析を踏まえ、そのいずれもが後世の作にかかり、到底推古朝の事実を伝えるものとは見なしがたいという点を強調することで、聖徳太子の業績をも根本的に見直そうとする。これに対し、前者では、東アジアの情勢や外来文化との関連性、あるいは国家の発展段階を示す他の要素などから、推古朝に生じた出来事として不都合《ふつごう》のないことを指摘し、基本的には従来通りの聖徳太子像を是とする立場で論述する。確かにそれぞれ具体的な根拠を挙げて説得的な議論が展開されているが、筆者が多少不満に思うのは、推古朝の事実として認めうるか否《いな》かということと、それが聖徳太子の事績として認めうるか否かということとは、本来別個の問題であるにもかかわらず、前者の可能性が立証されただけで、短絡的に聖徳太子の事績として否定する必要はないという結論に至るものが、肯定論のなかに多く見受けられるということである。

『日本書紀』を見る限り、聖徳太子を先頭に、推古朝の朝廷は一丸となって仏教の導入・興隆に努めていた。その信憑性《しんぴょうせい》については、飛鳥寺や斑鳩寺の建立、多くの仏像の製作を見ても明らかなように、後世の出来事を遡《さかのぼ》らせて記録したものと見なすわけにはいくまい。しかし、その実質的な推進主体が何人《なんびと》たるかという点については、先に指摘した、大化前代における天皇(大王)および蘇我氏と神祇・仏教との関係に鑑みて、『日本書紀』の記載をそのまま受け入れることは、無謀と言わねばならない。聖徳太子についても、彼の出自と政治的立場を考慮すれば、もっぱらその信仰心に基づき、「皇太子」「摂政」として仏教興隆策を企画推進したとは、到底考えられないのである。では、今日伝えられる聖徳太子像について、我々はいかなる説明をなしうるであろうか。

大化元年八月詔　ここで再び、『日本書紀』大化元年(六四五)八月癸卯条の孝徳天皇の詔を取りあげたい。

権勢をきわめた蘇我本宗家《ほんそうけ》も、大化元年六月に飛鳥板蓋宮《あすかいたぶきのみや》で勃発した蘇我入鹿《いるか》暗殺事件を契機に滅亡に追い込まれ、皇極天皇に代わって孝徳天皇が即位する運びとなった。その二ヵ月後に、即位後間もない孝徳天皇は大寺に僧尼を召集し、以下のような詔を宣した。

「欽明天皇の十三年、百済の明王（聖明王《せいめいおう》、？―五五四）が仏法をわが国に伝えた。このとき群臣は仏教受容を望まなかったが、蘇我稲目《いなめ》ただ一人が仏法を信じたので、天皇は稲目に命じて信奉させた。敏達天皇の時代に、蘇我馬子は父親の遺風を継ぎ仏教を重く崇《あが》めた。他の臣下は信奉せず、仏教はまさに滅びんとしたが、天皇は馬子に詔して仏法を信奉させた。推古天皇の時代には、馬子は天皇のために丈六の繡像《しゅうぞう》と丈六の銅像を造立し、仏教を顕揚《けんよう》して僧尼を恭敬《きょうけい》した。朕（孝徳）もまた、正しい教えを崇め、大いなる道を豊かにしようと思う。それゆえ、沙門狛大法師《しゃもんこま》以下十僧を十師となし、別に恵妙《えみょう》法師を百済寺《くだらでら》の寺主《じしゅ》とする。この十師はよく衆僧を教導して、仏教の修行を必ず法の通りに行わせるように努めよ。天皇以下伴造《とものみやつこ》に至るまで、造立する寺院の設営が困難な場合、朕が援助して作らせることとする。今寺司《てらのつかさ》および寺主を任命する。諸寺を巡行《じゅんこう》し、僧尼・奴婢《ぬひ》・田畝《でんぽ》の実態を調べ、すべて明確に報告せよ。」

この詔については、表記の特色や内容の分析を踏まえ、大化元年当時のものとして誤り無いという見解も呈《しめ》されているが、全文が当時のものか否かという問題はさておき、筆者が非常に奇妙に思うのは、仏教公伝以来孝徳朝に至るまでの仏教興隆の経緯《いきさつ》を述べた部分についてである。すなわち、欽明天皇と蘇我稲目、敏達天皇と蘇我馬子、推古天皇と蘇我馬子という組み合わせで、仏教を護持してきた主体を明示している。一見して明らかなように、ここには聖徳太子あるいは厩戸《うまやど》皇子という名称は全く登場しない。これは一体、どのように解釈すればよいのであろうか。

もしこの詔の内容が、『日本書紀』編纂の段階で潤色《じゅんしょく》あるいは創作という操作を経ているものであるとすれば、推古朝における仏教興隆の功績を太子一人に凝縮《ぎょうしゅく》せんとする『日本書紀』の方針との間で、齟齬《そご》が生じることになろう。ましてや、滅亡に追いやられたばかりの蘇我本宗家の歴代の主が、天皇の意向を受けてのこととは言え、仏教の興隆に多大に貢献したと記すことなどからすれば、概して蘇我氏の所業を批判的に記録する『日本書紀』の他の記事と比較して、まさにこの部分のみ異質とも言うべき内容と受け取られるのである。詔の真偽はともかく、それだけ大化元年段階での世評《せひょう》を忠実に伝える史料と評価できるとすれば、当該段階で聖徳太子の仏教興隆に対する功績は、ほとんど評価の対象となっていなかったと受け止めざるを得ない。この事実をもってすれば、聖徳太子が本当に日本仏教の礎を築いた英雄的人物であるか否か、固定的観念を捨てて検証せねばならないことになろう。

聖徳太子の仏教　このとき諸々の僧尼が召集されたとされる「大寺」とは、飛鳥寺もしくは百済大寺のいずれかと考えられている。仮にこの時点で聖徳太子の仏教興隆の事績に対する評価が高いものであったとすれば、当然このような重大な天皇の意向を伝達する場としては、斑鳩寺など太子ゆかりの寺院が、より相応《ふさわ》しいものと言えよう。ところがこの斑鳩寺は、天智九年（六七〇）の焼亡後に再建されてはいるものの、天武・持統朝に至っても中心的な官寺として扱われたとは見なされず、朝廷の認識としては、太子の上宮王家《じょうぐうおうけ》ゆかりの氏寺という域を超えるものではなかったと評価される。

その理由について、蘇我氏が興隆を推進してきた仏教と、聖徳太子のそれとの異質性に求めようとする向きがある。すなわち、蘇我氏の仏教はきわめて政治的な色彩の濃いもので、あくまで受容すべき外来文化の一環として扱われ、現世利益を目的とする呪術的性格の強いものであったのに対し、聖徳太子の仏教は、太子追善を目的に橘大郎女《たちばなのおおいらつめ》により製作された「天寿国繡帳《てんじゅこくしゅうちょう》」の銘文に見える「世《せ》間虚仮《けんこけ》、唯仏是真《ゆいぶつぜしん》」の文言に象徴されるように、仏教の精神の神髄《しんずい》を理解した崇高《すうこう》なものであった。孝徳朝以降の朝廷は、このうち前者の仏教の性格を重視し、これに基づいて興隆を援助せんとしたことから、太子ゆかりの仏教は直接には継承されることがなかったとするものである。しかしこれは、後世の太子に対する評価に引きずられた印象論的な解釈としか受け止められないもので、歴史の合理性を問題とした場合、はなはだ危険な認識と言わねばならない。

そもそも奈良時代以前の朝廷が、太子の奉じた仏教精神の神髄を十分に理解したうえで、それを基盤として興隆策を打ち出した段階など、存在したであろうか。察するところ、少なくとも平安初期において独立性の強い宗派＝仏教教団が成立する以前の段階では、朝廷の仏教興隆は、先に述べたような律令体制下での寺院・僧尼統制を前提として、もっぱら政治的な目的でもってなされたもので、仏教の精神性に十分な配慮がなされたことが確認できる段階など、見出せないのである。それでもなおかつ、聖徳太子の功績として後世に伝えようという意図が『日本書紀』という史書編纂の折に働いたのであるから、太子の仏教を蘇我氏の仏教の対極《たいきょく》ととらえ、両者の異質性を指摘すること自体が正当な評価と言えるか否か、きわめて疑わしいものであり、現代的な思惟《しい》と批判を受けても致し方のないものと筆者は考えている。

『日本書紀』の聖徳太子観　これまで聖徳太子の事績と伝えられる出来事について、特に古代王権の宗教的性格という観点から改めて考察を加えてきた。今日伝えられる聖徳太子像に、史実として疑わしい点が多く含まれているとすると、一体どのような意図でもって、あるいはいかなる経緯で、日本仏教の礎《いしずえ》を築いた英雄としての聖徳太子像が構築され、最も広く尊崇を集める存在となったのであろうか。

聖徳太子の人格が形成された画期として、①『日本書紀』の編纂が構想・推進されていた七世紀末～八世紀初頭の段階と、②光明皇后《こうみょうこうごう》（七〇一―七六〇）の進言により大規模な仏教興隆政策が相次いで打ち出された八世紀中葉《ちゅうよう》の天平年間の二つの段階を挙げることができる。まず前者については、『日本書紀』編纂の過程で、推古朝の段階での朝廷と仏教の関係をいかに位置づけるかという視点を踏まえてなされたものであるが、先に指摘した、律令国家成立段階での国家と仏教との関係、すなわち当初の国家仏教の理念に、なるべく齟齬《そご》をきたさないように配慮しながら、朝廷による仏教受容の軌跡を記録しようとした場合、当然そこには、如何《いかん》ともし難い矛盾が生じることになり、その矛盾を可能な限り意識させることなく、むしろ新たな歴史像を構築しようとする配慮がなされたと推察される。その矛盾とは、紛《まぎ》れもなく王権と宗教の関係に基づくものである。

『日本書紀』編纂の時点において、新たに成立した律令体制下で、仏教は神祇に次ぐ第二の国教、すなわち国家仏教として興隆が図られ、もはや受容の是非を問題とする段階にはなかった。仏教の興隆と統制の主導権は国家の掌握するところとなり、その全権は国王たる天皇に帰するように位置づけられていたわけであるから、当然仏教受容の過程についても、『日本書紀』の基本的なスタンスからして、つねに天皇の意志により受容と興隆が推進された形に整える必要が存したのである。しかし一方で、律令天皇もまた前代の大王と同様に、在来の神祇信仰に基づいてその基本的属性が規定された存在であり、既成事実として朝廷による大規模な伽藍を有する寺院が建立され、官僧が一定の規律の下で再生産されていたとはいえ、いまだ神仏混淆の合理的解釈が構築されていない段階においては、天皇が仏教と直接接触することはタブーとされた。それゆえ、血統の上で天皇に近い立場にあり、かつ天皇にはならなかった人物に、すべての仏教興隆の業績を集中させ、王権による仏教興隆の軌跡を後世に伝える必要が存したのである。こういった経緯《いきさつ》で一気にクローズアップされたのが、用明天皇の男子である廐戸皇子、すなわち聖徳太子の存在であったと考えられる。

無論、太子が全く仏教と無縁であったわけではない。むしろ、その両親の血統、すなわち、ともに蘇我氏の女性を母に持つ存在であったことからしても、幼少時より仏教に慣れ親しんだ環境下で育った可能性は大きく、また実際に、太子の建立した斑鳩寺の存在を考慮しても、他の皇族にない仏教に対する理解と、場合によっては信仰をも持ち合わせていたことまで否定的に捉える必要はなかろう。

しかしながら、先に指摘した『日本書紀』の記載にも窺われるとおり、欽明朝の仏教公伝以来大化年間に至るまでの約一〇〇年の間、仏教の興隆を主導していたのは、間違いなく蘇我氏であった。とすれば、血統の面も考慮して、太子の業績として記録された仏教興隆事業の多くについては、むしろ実質的には蘇我馬子によって企画・推進されたと受け取るのが自然であろう。ただ、蘇我氏が天皇の存在をないがしろにし、その悪業《あくごう》により滅亡に至ったとして乙巳《いっし》の変《へん》の正当化を図った『日本書紀』編纂の姿勢からすれば、仏教興隆全体を蘇我氏の功績として記録することなど、到底許されるものではなかった。それゆえ、飛鳥寺の創建など、どうしても蘇我氏との関係を否定しきれない部分に関しては、これを推古天皇の意向に基づいて蘇我馬子が主導したものとして記録し、それ以外の部分は聖徳太子の業績として記録したと推測されるのである。

天平期の動向　次に②の天平年間についてであるが、天平初年は連年飢饉《ききん》が相次ぎ、律令制の諸矛盾に加え、当時の社会に壊滅的な打撃を与えた。さらに、天平七年（七三五）から九年にかけて、大《だ》宰府《ざいふ》に発生した天然痘《てんねんとう》が畿内にまで及ぶ広い領域をその惨禍《さんか》に巻き込み、ついには政権を担当していた藤原武智麻呂《むちまろ》以下四人の兄弟をも葬《ほうむ》り去るという、社会と政治の両面に大きな被害をもたらした。その際、最高の祭祀権者たる聖武《しょうむ》天皇（七〇一―七五六）は、天皇の責務として再三にわたり神祇に終息を祈願したが、さしたる効果を挙げ得ず、結局は天皇自身の「不徳」という、王権の存亡に繋がる危機意識を抱くに至った。このように窮地に陥った天皇を救うべく、新たな宗教政策の方向を打ち出

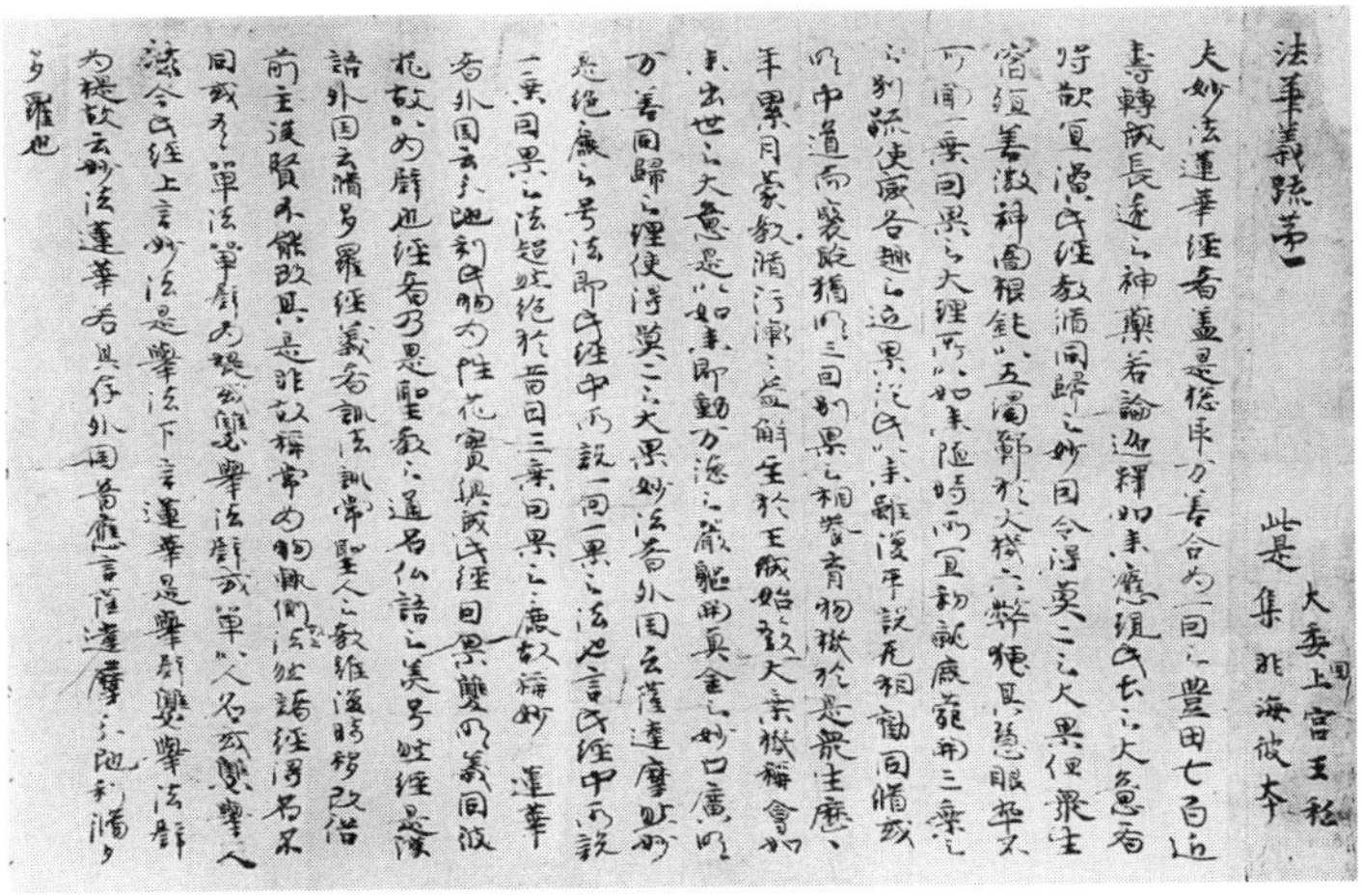

図2 『法華経義疏』（御物，宮内庁所蔵）

したのが、藤原不比等《ふひと》の娘で皇后の地位についた光《こう》明子《みょうし》である。後宮の女官《にょかん》として厚く仏教を信仰した母県犬養三千代《あがたいぬかいのみちよ》（?—七三三）の影響もあり、仏教に造詣《ぞうけい》の深かった光明皇后は、天平年間に企画された仏教興隆政策の実質的な立案者であったとされる。その光明皇后の推進した仏教興隆事業のなかで注目すべきが、法華経《ほけきょう》信仰の興隆と聖徳太子の顕彰《けんしょう》であった。

『法華経』については、『日本書紀』によれば推古十四年（六〇六）に岡本宮《おかもとのみや》で聖徳太子がこの経典を講説したと言われ、太子直筆と伝える『法華経義《ほけきょうぎ》疏《しょ》』が現存する。推古朝の段階ですでにその名称が正史に登場する経典であるにもかかわらず、このの ち『法華経』の名は全く『日本書紀』に見えず、国家仏教成立期に該当する天武・持統朝においても、『法華経』が重視された形跡を見出すことはできない。ところが、天平六年（七三四）になって突然、新たに設定された年分度者の条件に、『金光明最勝王経』もしくは『法華経』の暗誦が盛り込まれることになる。

天平六年といえば、この年の三月に、『日本書紀』に聖徳太子の発願により建立されたと伝えられた四天王寺に食封《じきふ》二〇〇戸《こ》が施入され、僧に布施《ふせ》がなされた。また、天平十九年（七四七）に撰進された『法隆寺資財帳《ほうりゅうじしざいちょう》』には、この年の二月あるいは三月に皇后宮から施入されたとされる幡《ばん》や薬、韓櫃《からひつ》等が記載されており、聖徳太子の命日（二月二十二日）を契機として、光明子の皇后宮と太子ゆかりの寺院との間に浅からぬ関係が結ばれたことを示唆している。この資財帳や、天平宝字五年（七六一）十月の奥書《おくがき》を有する『法隆寺東院《とういん》資財帳』には、天平八年あるいは同九年の太子の命日を期して施入された文物の品目が見えることから、太子命日の法会《ほうえ》、すなわちのちの聖霊会《しょうりょうえ》が勤修《ごんしゅ》されていた可能性が高く、その施入の主体は、光明子の皇后宮や、美努王《みぬおう》の娘・葛城《かつらぎ》王（橘諸兄《たちばなのもろえ》）の妹で、藤原房前《ふささき》の内室の無漏《むろ》女王らであった。こののち天平十三年に建立が発願される国分二寺も、国分僧寺が「金光明四天王護国之寺《こんこうみょうしてんのうごこくのてら》」、国分尼寺が「法華滅罪之寺《ほっけめつざいのてら》」と称されたことからして、両経典が国家にとって最も重視すべき経典と評価されていることが確認されるが、天武朝以来護国経典《ごこくきょうてん》として重視されてきた『金光明（最勝王）経』に加え、この時期に新たに『法華経』が朝廷より重視される存在となることについては、光明子や、その所生の娘である阿倍内親王《あべないしんのう》（七一八―七七〇）を中心とする後宮の女性の立場を抜きにしては、解釈のつかない部分が存在するのである。

後宮女性と『法華経』　聖徳太子の斑鳩宮《いかるがのみや》跡に建立された、現存する夢殿《ゆめどの》を中心とする法隆寺東院と呼ばれる伽藍について、『法隆寺東院縁起』や『法隆寺東院資財帳』などの史料によれば、天平七年（七三五）に阿倍内親王の意向を受け、翌年二月の聖徳太子の命日に催される『法華経』講読の準備が始められ、また藤原房前《ふささき》（六八一—七三七）に命じて東院の造営を行わせたという。この阿倍内親王のみならず、光明皇后、聖武天皇の夫人である橘古那可智《たちばなのこなかち》（?—七五九）といった後宮の女性たちの支援で、東院の復興がなされたとも伝える。とりわけ、法隆寺にその念持仏《ねんじぶつ》という仏像が伝わった光明皇后の母の県犬養三千代については、聖徳太子の墓が営まれた河内《かわち》国石川郡と隣接した地域に縁が深く、光明皇后もまた、安宿媛《あすかべひめ》というその名から、この地域で育った可能性が指摘される。このような聖徳太子との関係を示唆する要素に加え、以下に述べるような法華経信仰と後宮女性との関係を媒介《ばいかい》として、この時期に聖徳太子に対する崇敬が一気に昂揚《こうよう》したと推測されるのである。

『法華経』と後宮女性の接点については、従来女人垢穢《にょにんくえ》の観念を前提とする女性救済の経典として『法華経』が重視されたという、いわば消極的な解釈がなされてきた。すなわち、『法華経』の提婆達《だいばだっ》多品《たぼん》に見える竜女成仏《りゅうじょじょうぶつ》の件りに示されるように、女性は成仏を妨《さまた》げる大きな欠点（五つの障《さわ》り）を背負っており、信仰により男性に転じること（変成男子《へんじょうなんし》）で、はじめて成仏の条件が整うとするものである。確かに、平安期以降の日本において、次第に宗教的な観念に基づく女性差別観が広まるなかで、『法華経』がこのような女性救済の経典として重視されたという側面を否定することはできない。しかしながら、諸史料を総合して検討する限り、天平年間に女人垢穢の観念がすでに強く意識されていたことを示す要素は全く窺われない。もし、古くからこのような評価がなされていたとすれば、初の女帝とされる推古天皇の治世に、女帝に対してこの経典の講説が行われ、仏教の大規模な興隆が見られたのは、ある意味で大きな矛盾を孕《はら》むこととなろう。また、光明皇后や阿倍内親王の立場からしても、それ以前の段階で問題にされなかった女人垢穢観を殊更《ことさら》に宣揚しなければならない必要性など、あろうはずがない。

じつは、この女人垢穢観とは全く正反対の論理が、同じ『法華経』の別の箇所に見えている。しかもその論理は、天平年間の段階で強く意識されていたことが、当時の史料から見て取られるのである。すなわち、その妙音菩薩品《みょうおんぼさつぼん》によれば、菩薩は正しい法を説くためにそれぞれの環境に応じて身を変じるが、王の後宮においては、女性に身を変じて法を説くとされている。この部分をそのまま引用した箇所が、天平十八年の僧綱《そうごう》の命を受けて翌年に元興寺《がんごうじ》から撰進されたと伝える『元興寺伽藍縁起《がらんえんぎ》』に窺われる。これは、豊浦寺《とゆらでら》建立の経緯《いきさつ》に触れた部分で、大大王すなわち即位前の推古天皇が、物部氏らによる破仏の動きから、みずからの後宮を道場とした施設（桜井道場《さくらいどうじょう》）を守ったという件りに関連して、この妙音菩薩品の一節が、まさに聖徳太子の言葉として語られているのである。後宮の女性の宗教的権威を強調する『法華経』の教説が、天平年間に撰進されたとされる縁起に引用されていることは、当時の後宮の女性と仏教との関係、すなわち、光明皇后と阿倍内親王の仏教信仰の意義を反映したものと見なければならない。臣下の出身の皇后と、女性として初の皇太子とされながら皇位継承者としての地位には不安を伴っていた阿倍内親王にとって、みずからの宗教的権威の根拠として、『法華経』の教説を強調する必要性は十二分に存在したのである。国ごとに法華滅罪之寺《ほっけめつざいのてら》たる国分尼寺を建立し、また何よりも、かつて写経など光明皇后による仏教行事の拠点となった皇后宮を転じて法華寺としたことは、同経と光明皇后との繋がりを象徴するものと評価することができる。さらに、この縁起の撰進を命じた僧綱が、のちに触れるように光明皇后と密接な関係を有し、法隆寺東院の整備に尽力した大僧都《だいそうず》行信《ぎょうしん》であることも、この推測を補強する事実と言えよう。

ちなみに、『法華経』とともに重視された『金光明最勝王経』にも、女性と密接な関係を有する部分が存在する。それは同経の吉祥天品《きっしょうてんぼん》で、女性として描かれた吉祥天に関する一節である。天平勝宝元年（七四九）阿倍内親王の即位（孝謙《こうけん》天皇）の年に始修された正月の悔過《けか》は、吉祥天を本尊とする吉祥天悔過であった可能性が高い。この吉祥天悔過は、孝謙上皇が重祚した称徳《しょうとく》天皇の時代に、国分寺で正月の『最勝王経』講説にともなう行事として恒例化され、称徳天皇が没した翌宝亀二年（七七一）には、一旦停止されている。この悔過が孝謙（称徳）女帝に即応したものであったとすれば、ここにもまた、仏教の論理を用いて、女性の宗教的権威の昂揚を導かんとする姿勢を見て取ることが可能であろう。

聖徳太子の存在意義　このように、天皇やその近親者の治病《ちびょう》あるいは皇室関係の死者の追善といった宮廷仏教を担ってきた後宮が、光明皇后の存在を媒介として国家の仏教政策にも重大な影響を及ぼし始めたとき、従来の宮廷仏教の要素が国家仏教に加わり、国家仏教は新たな局面を呈するようになった。その一つが『法華経』に対する信仰であり、これに国家的な意義を付さんとした場合、宮廷関係の先蹤《せんしょう》を求める必要が生じたのである。当時を遡《さかのぼ》ること一世紀以前の段階で、敏達天皇の后《きさき》から史上初の女帝として即位し、同時に初めて公に仏教興隆を命じた天皇として『日本書紀』に記録された推古天皇の存在、さらにその治世に、彼女の下で仏教興隆を実質的に取り仕切ったとされる聖徳太子の存在に俄然《がぜん》注目が集まることとなった。しかも、太子自身が『法華経』を重視し、推古天皇にこれを講説したという伝を残す人物であることは、先に挙げた『法華経』の教説を広く宣揚《せんよう》せんとする後宮の女性にとって、きわめて重要な意義を有した。そこで、太子ゆかりの地に新たに堂を建立し、太子ゆかりの経典たる『法華経』を太子の命日に講説する法会の

図3　行信（法隆寺所蔵）

勤修《ごんしゅ》を恒例行事化することで、その遺徳を顕彰することが目論《もくろ》まれたと考えられるのである。

天平年間に生じたこのような情勢に、最も重要な役割を果たしたのが、元興寺の僧行信であった。この行信という僧は謎に包まれた部分の大きい人物で、生年や出自《しゅつじ》などはつまびらかでない。天平十年（七三八）に律師《りっし》に任じられるが、このころ光明皇后や阿倍内親王の意向を受けて法隆寺東院の整備に尽力し、聖徳太子の斑鳩宮跡に夢殿などの施設を建立するとともに、直筆の『法華経義疏』や鉄鉢など太子ゆかりの文物の探索に尽力し、それを法隆寺東院に安置したと伝える。現在なお、夢殿内に天平塑像《そぞう》の代表的な作品である行信僧都像が安置されていることにも、その功績の尋常でないことが窺い知られる。その後、天平十年代を通じて行信は積極的に活動し、同十九年ころには大僧都として僧綱の政務に専当していたようである。天平十八年に諸寺に縁起資財帳の作成を命じ、撰進されたものを検閲《けんえつ》して判を加えたのも、実質的に行信が取り仕切っていたことが確認される。

ところが、天平勝宝四年（七五二）ころを最後に、活動の痕跡は確認できなくなり、その後の去就《きょしゅう》は不明となる。『続日本紀』には、天平勝宝六年十一月に薬師寺僧行信なる人物が八幡《はちまん》宮主の大神《おおがの》多麻呂《たまろ》らと共に厭魅《えんみ》を行ったとして下野薬師寺《しもつけのやくしじ》に配流《はいる》となったという記事が見えるが、時期的には矛盾しないとはいえ、この行信が僧綱の行信と同一人物であるか否かについては、見解が一致していない。『仁王経《にんのうきょう》』の注釈書など仏教関係の書籍を著していることからして、単なる政僧でなく教学にも長けた学僧であったことが認められるが、当時の王権との関係できわめて重要な役割を担ったキーパーソンであったにもかかわらず、晩年の動向等について具体的な記録を残さない点は、全く不可解と言わざるを得ない。ただ、その去就には、天平十八年（七四六）六月に筑紫《つくし》で没した玄昉《げんぼう》（?—七四六）を彷彿《ほうふつ》させるものがある点に興味が引かれる。玄昉は、霊亀二年（七一六）に入唐して学問を修《おさ》め、唐の王室に重く用いられ、天平七年（七三五）、当時唐に現存した経論の総数に匹敵《ひってき》する五千余巻の経論を携えて帰朝し、皇后宮の一角に存したと目される隅院《すみのいん》に安置された。経典将来の功績に加え、治病能力に秀でて聖武天皇の母藤原宮子《みやこ》（?—七五四）の看病に携わったことなどにより、皇后のみならず天皇からも厚い信任を受け、僧綱の最高位である僧正《そうじょう》に直任《ちょくにん》された。こののち展開される国分寺建立といった大規模な仏教興隆政策の企画推進に尽力したと考えられるが、僧侶らしからぬ振る舞いにより筑紫観世音寺《つくしのかんぜおんじ》に左降《さこう》され、かの地で没した。後宮との密接な関係を通じて僧侶として最高の地位につきながら、行信と同様に今一つ釈然《しゃくぜん》としない理由で追放され、ついにはこれまた不可解な最期を遂げることとなる。ちょうどそのころ、中央では行信が僧綱として行政を取り仕切っており、両者の関係についてもきわめて興味深いものがあるが、いずれにせよ、行信が天平年間における太子信仰の隆盛に果たした役割はきわめて大きく、それが玄昉の場合と同様に光明皇后など当時の後宮と密接に結びついて展開したもので、これもまた、ある意味では、天平仏教の一環と評すべきものであったことを改めて確認しておきたい。

聖徳太子像の再点検　以上、律令国家体制の確立に向けて努力の払われた『日本書紀』編纂期と、

図4　玄昉（興福寺所蔵）

その後に訪れた天平年間の、二つの段階における聖徳太子顕彰の動きとその意義について見てきたわけであるが、結論として指摘できるのは、今日我々が共通の印象として抱いている聖徳太子像は、おおむねこの二つの段階に形成されたものであり、果たして推古朝における聖徳太子の実態が如何《いか》ほどのものであったのかという問題については、容易には推《お》し量りがたいものであるということである。

　個別に検討を加えたように、『日本書紀』編纂時に形成された聖徳太子像については、当時すでに宮廷のみならず日本の社会に定着していた仏教の存在を大前提として、その受容があくまで朝廷、なかんずく王権の主導で行われ、それが当時の国家・王権と密接な関係を有する仏教の在り方を規定したとする意識を広く喚起《かんき》する必要が存した。この場合、伝統的な神祇信仰を基盤とする天皇に代わり、仏教の国家的受容を主導した最大の功績者として、用明天皇の皇子である廐戸皇子に注目が集まり、当人の仏教に対する姿勢を象徴するものとして新たに「聖徳」という号が付され、公の記録にとどめる作業が進められたのである。事実として仏教思想に造詣の深い人物であった可能性も否定できないが、その場合、王位継承の可能性はもとより存在しなかったと見なければならない。こうして、推古朝に展開された一連の仏教興隆事業の多くは、改めて太子の業績として位置づけられ、国家的英雄としてそのキャラクターが形成されたのである。

このような、言うなれば国家的・政治的な要請に基づいて太子像が構築された『日本書紀』編纂期に比して、第二の段階たる天平年間に進められた太子の偉業《いぎょう》顕彰の動きには、いささか趣《おもむき》を異《こと》にする意図が含まれていた。それは、後宮の女性の宗教的権威を高めることを目的に、その思想的根拠として重視された『法華経』に対する信仰と密接に関係するもので、推古天皇に対して此経を講説《こうせつ》し、その注釈書である『法華経《ほけきょう》義疏《ぎしょ》』まで著したと伝える太子を顕彰することを通じて、一世紀以上もの間国家により重視されることの無かった『法華経』に対して、言うなれば伝統的権威性を構築しようと目論んだ。そのために、『法華経』暗誦《あんしょう》を得度《とくど》の条件とするとともに、国ごとに設置された国分尼寺の依拠《いきょ》する経典として位置づけ、その一方で、聖徳太子の宮跡に堂を建立し、彼の命日を期日とする『法華経』講説の法会＝聖霊会を始修《ししゅう》し、重要な国家の仏事として恒例化を図り、その教説が広く行き渡るような仕組みを構築したのである。

のちに最澄の開いた天台宗がこの『法華経』を根本経典としたことに端的に窺われるように、『法華経』は間違いなく日本仏教界において代表的経典として重視され、これを奉ずる多くの宗派を生み出した。その意味において、史上最古の段階でこの経典と密接な関係を有する聖徳太子は、日本仏教の礎を築いた人物として、俗権のレベルだけでなく、仏教界においても合意を得る存在となり、太子が生涯出家することなく俗人で通したにもかかわらず、例外なく各宗派で日本仏教史上最大の英雄として扱われ、諸人の尊崇を受けることになったのである。

三　黎明期の日本仏教と聖徳太子

曾根正人

1　聖徳太子神話と厩戸皇子

聖徳太子と厩戸皇子　百済聖明王《くだらせいめいおう》（聖王）による仏教公伝から半世紀、氏族社会に根付き始めたこの外来宗教の影響下に、飛鳥《あすか》文化と呼ばれる異国風の文化が花開いた。大和《やまと》盆地南部を中心に諸氏族の氏寺《うじでら》が創建され、巷では寺院建築、仏像、僧尼、仏教祭祀といった、これまでにない風物が目につくようになっていた。そうした推古朝の世、従来仏教とは距離を置きがちだった天皇近親から、熱心な仏教信奉者が現れる。没後「聖徳太子」と呼ばれて神格化され、人々の信仰を集めた厩戸《うまやど》皇子である。

厩戸皇子には早くから神話的な「聖徳太子」像がかぶさり、後世その像ばかりが一人歩きして流布する。彼を「和国《わこく》の教主《きょうしゅ》」と讃えた親鸞《しんらん》をはじめ、「聖徳太子」を追慕し鑽仰した人々の目に映っていたのは、そうした「聖徳太子」としての廐戸皇子であった。そしてこの像が伴っている豊かな説話世界とは対照的に、生身の聖徳太子つまり歴史上の廐戸皇子についての情報はきわめて乏しい。いわゆる聖徳太子関係史料から荒唐無稽な説話を除くと、限られたものしか残らない。そしてその限られた史料すら、伝統的理解についてなんらかの批判がなされ、真偽が問題になったものばかりである。だがそうした批判は重要性を認められながらも、結局は個別的見解の一つに位置づけられてしまい、伝統的聖徳太子像を揺り動かすには至らなかった。かくして歴史学においてすら、信憑性の問題を曖昧にしたままの史料に依拠して廐戸皇子像を再生産してきたのである。

そこに一九九六年の大山誠一「〈聖徳太子〉研究の再検討」(のち同氏著『長屋王家木簡と金石文』吉川弘文館、一九九八年所収)の刺激を受けて、過去の批判の掘り起こしを含めた聖徳太子関係史料の全面的再検討が進み、同氏編『聖徳太子の真実』(平凡社、二〇〇三年)で一つの到達点に至った観がある。こうした研究によって伝統的聖徳太子像にも、ようやく見直しの動きが顕在化しつつある。

ただその研究成果は、疑義のある史料すべてに背を向けることを求めるものではない。そのような方向に進むならば、そもそも廐戸皇子の仏教について語るなど不可能になってしまう。一つ一つの疑義の内実を踏まえつつ、使える部分は必要な操作を加えたうえで使っていくことが求められているのである。本章で試みるのは、そうした見地に立った廐戸皇子の仏教の復原である。そして殊に意図しているのは、遠くは東アジア仏教の大きな流れから、近くは当時の日本仏教の実態をはじめとする廐戸皇子周辺の環境に、矛盾なく納まるそれの復原である。

聖徳太子神話の克服　こうした復原を指向する理由は、現行の聖徳太子仏教についての評価の多くが、廐戸皇子を取り巻く時代環境からあまりに乖離して見える点にある。個々の史料のさまざまな吟味・検証のうえになされたはずのそれらの評価は、聖徳太子関係史料以外から復原される当時の日本仏教の実情と、しばしば遊離してしまっている。そしてその距離を、皇子個人の超越的資質のみに頼って埋め合わせている観がある。結局それは新たな聖徳太子神話の創出に終わっており、歴史上の廐戸皇子の仏教とは別物なのである。

いかなる天才的宗教者であっても、時代や環境の制約から逃れることはできない。どんなに画期的・革新的信仰でも思想でも、この制約から全く自由に形成されることはあり得ない。ましてや廐戸皇子の場合、新しい信仰や思想を生み出したわけではない。同時代評価としては、当時の日本仏教の水準から抜きん出て、中国・朝鮮仏教の水準に近い仏教理解を持っていた人物というのが最大限の評価であろう。だとすれば、東アジアで最も遅れて仏教を受容してまだ半世紀しか経ておらず、その理解も東アジア世界の標準にはほど遠い水準にあった日本仏教の実態。さらに皇子自身仏教専修の僧侶でもなく、修学の依所は二十四歳から二〇年間師事した慧慈《えじ》という渡来僧一人だったという境遇。こうした条件から導き出し得る限界を超えた思想や行業を廐戸皇子に付託するのは、やはり神話と言うしかあるまい。

歴史上の廐戸皇子の仏教に迫るには、こうした神話めいた皇子の資質への思い入れを排除して、歴史的条件に妥当する像が求められねばならないのである。本章が先に述べた復原を指向するのは、こうした理由からである。そして結果として現れる廐戸皇子の仏教が、旧来の聖徳太子像のそれとかけ離れたものだったとしたら、それはその太子像の帯びていた神話的要素がそれだけ濃厚だったということなのである。

2　東アジア仏教と廐戸皇子

中国仏教の位相　廐戸皇子に限らず、彼の時代までの日本仏教の直接の供給源は朝鮮仏教である。ただその朝鮮仏教も水源は中国から得ており、皇子の仏教を復原するには、まず中国仏教の動向を把握しておく必要がある。そしてその場合踏まえておかねばならないのは、仏教が発生地インドから中国に定着するまでにすでに被っている著しい変容である。

仏教のような普遍的教義を持つ宗教でも、異なる文化圏に流伝した際に、当初からその内容が正確に理解されることはあり得ない。まずは在来の思想・宗教に引き寄せて強引に会通《えつう》させた「仏教」の受容に始まり、その後経典の伝来や翻訳、僧侶の往来などによる情報蓄積を通じて、次第に正確な理解に近づいていくのが、中国はじめ東アジア諸国の仏教がたどった路筋である。ただこうした路筋をたどりながらも、東アジアの仏教は、インドのそれを忠実に継受したものとはならなかった。

例えば大乗《だいじょう》仏教のみを正しい仏教として小乗《しょうじょう》仏教を全否定する姿勢は、中国仏教で早くから顕在化し、今日でも東アジア仏教圏の常識となっている。だがこれは中国に伝来した仏教のなかでは、圧倒的に大乗仏教系が優勢だったために形成された認識である。東アジアでは「小乗」と蔑称される部派《ぶは》仏教は、発生地インドでは大乗仏教よりはるかに歴史も古く、宗派的勢力としてもつねに優位を占めていたのである。こうした教義の根幹にかかわる変容は、他にもいくつか指摘できる。中国仏教は、本家インド仏教とは異なる「仏教」なのである。

日本仏教の位相　仏教東流の末端に位置する日本仏教は、その中国「仏教」あるいはさらなる変容を被った朝鮮「仏教」を水源としている。そしてそれらにまた日本的変容が加わって成立しているのである。そのうえ推古朝のような情報蓄積の乏しい時期においては、変容以前の単なる理解不足や誤解も考慮せねばならない。従ってそうした環境下に生きた廐戸皇子の仏教を復原する際には、同時代の中国・朝鮮仏教や後世の日本仏教といった他の地域・時代の現象から、適当なものをあてはめて事足れりとするわけにはいかない。求められるのは、それら他の地域・時代の仏教との距離を見極めつつ、当時の日本の実情から遊離しない像を復原することなのである。作業は手探りの慎重なものにならざるを得ないのである。

以下では廐戸皇子の仏教の解明作業に伏在するこうした諸問題を踏まえたうえで、作業を始めることにする。そこでまず照射せねばならないのは、皇子の仏教のみならず全東アジア仏教の水源であった中国仏教である。

中国仏教の形成　一世紀初め、シルクロードを通じて中国にもたらされた仏教は、まず在来の道教《どうきょう》信仰と同列の呪術として受容された。二世紀後半からは経典の訳出も徐々に進んだものの、原本も必ずしも善本ではなく、訳経の量も質も不十分な状況が、以後四世紀にわたって続くことになる。そうしたなかでも知識人の間では、仏教教義を理解しようとする動きは生まれていた。ただ典拠とすべき正確な翻訳経典を欠く状況下では、既存の道教用語や概念を援用して強引な解釈を試みるのが精々であり、十分な理解にはほど遠いのが実情であった。結果としてこの間は、仏教がもっぱら「浮図《ふと》(屠)」と呼ばれる異国神祭祀の呪術である時代が続くのである。

それが五世紀初頭、中国訳経史上の巨人鳩摩羅什《くまらじゅう》による三〇〇巻を超す訳経事業によって、中国仏教は一気に内容を充実させる。訳経史のうえでは、散発的で訳文も拙《つたな》い「古訳《こやく》」の時代から、羅什以後は、必要な経典を彼の正確で流暢な訳文に準拠して訳出していく「旧訳《くやく》」の時代に入る。中国仏教は、この「旧訳」経典に依拠して六朝期の本格的な仏教を形成するのである。他の東アジア諸国の仏教の典拠となったのも、「旧訳」経典であった。二〇〇年後の廐戸皇子が講じた『法華経《ほけきょう》』『勝鬘経《しょうまんぎょう》』のうち、前者は羅什訳であったし、後者もまた「旧訳」経典の一つである。中国をはじめとする東アジア諸国は、この羅什の偉業を踏み台として本格的仏教の受容へと進むのである。

優れた訳経家であった羅什は、当然のことながら経文の原義を漢語でわかり易く説明できる当時最高の教師でもあった。彼の教えを受けるべく、その周囲には初期六朝仏教を担う学僧が多く集まった。その学僧たちの注目を集めたのは、経典では『涅槃経《ねはんぎょう》』『法華経』ついで『維摩経《ゆいまぎょう》』『勝鬘経』であり、論書ではインド中観《ちゅうがん》系の諸論であった。その中観系論書のなかでも核となる『中論《ちゅうろん》』『百論《ひゃくろん》』『十二門論《じゅうにもんろん》』は、多くの門下学僧の教学研究の対象となった。こうした研究動向の延長上に六朝期には三論学派《さんろんがくは》が形成され、梁《りょう》の僧朗《そうろう》から隋《ずい》の吉蔵《きちぞう》に至って三論教学を生み出すこととなる。また『成実論《じょうじつろん》』は本来小乗論書であるが、これも当初大乗論書と見なされて盛んに研究された。ことに南朝においては、梁《りょう》の三大法師と称された智蔵《ちぞう》・僧旻《そうみん》・法雲《ほううん》に代表される成実学派は、最も盛行した学派であった。

六朝仏教と厩戸皇子　厩戸皇子の講経《こうきょう》やその選と伝える『三経義疏』における『法華経』『勝鬘経』『維摩経』といった経典選択は、これら羅什周辺に発する六朝仏教の動向の反映である。『三経義疏』そのものも、『法華義疏』は法雲の、『勝鬘経義疏』は僧旻の、『維摩経義疏』は智蔵の解釈に準拠しているほか、吉蔵に近似した説も採られている。また厩戸皇子の師であった高句麗《こうくり》僧慧慈は、三論・成実教学の徒であったと伝えられている。『三経義疏』と厩戸皇子の関係や講経の内実については後に詳しく検討するが、厩戸皇子が積極的に取り組んだ仏教は、こうした六朝後期のそれを主体とするものだったのである。

この六朝仏教は、前代までの中国仏教に比べれば飛躍的に水準を高めてはいる。だが中国仏教最初の完成形態である隋唐仏教に比べると、まだ完成途上の観はぬぐい難い。この時期に盛行した成実・摂論《しょうろん》・地論《じろん》等の教学は、依拠経典が不完全な翻訳であったり教理理解や体系化が不十分であるなど未完成な要素を多く持っている。そのため隋唐の体系的な教学が勃興してくると、ほとんどは消滅してしまうのである。また経論の大乗・小乗の分類や仏教者が守るべき戒律の典拠が確立していないなど、教義の根幹においても未完成部分を残している。隋唐の組織的・体系的宗派教学を摂取し得た奈良時代とは異なり、廐戸皇子の前にあったのは、こうした本格的とはいえなお完成途上の仏教だったのである。

ところでこの六朝仏教を日本に供給したのは朝鮮半島諸国である。なかでも仏教公伝以来の主供給国は百済《くだら》であったが、廐戸皇子の場合には、高句麗僧慧慈に師事して深い親交を結んでおり、高句麗仏教の影響が大きかったようである。高句麗仏教は六世紀から七世紀にかけて、隋初の三論教学大成者吉蔵とつながる僧朗・慧灌《えかん》といった学匠を生んでおり、その水準は中国仏教と肩を並べるものだった。廐戸皇子は慧慈を通じて、最先端の三論教学にも触れ得る環境にいたのである。

ただ彼の時代の日本仏教が、全体として教学レベルの理解を伴う水準にあったわけではない。実際には仏教教義に関心を示す日本人は一握りに過ぎなかったし、ましてや専門教学となれば、その存在を知る者すら数えるほどしかいなかった。それでは公伝以来の日本仏教は、どのような姿で流布したのだろうか。

3　日本仏教の黎明——仏教公伝——

百済仏教と日本　日本に仏教がもたらされたのは、欽明《きんめい》天皇の戊午年（五三八）のことである。司《し》馬《ば》氏など一部渡来系民族の間では、以前から仏教信仰が存在したが、日本仏教としての始動は、百済聖王（聖明王）が仏像一体と荘厳具《そうごんぐ》および経典若干巻を献上したこの年からとされている。

献上した側の百済では、すでに四世紀には東晋から摩羅難陀《まらなんだ》が来訪して仏教が伝わっていた。その後しばらくは大きな展開を見なかったが、聖王の代になってにわかに興隆する。謙益《けんやく》がインドから『五分律《ごぶんりつ》』梵本《ぼんぼん》や僧倍達多《ばいたつた》を伴って帰還し、律宗《りつしゅう》を創始する。また聖王自身も梁に献使して『涅槃経』註疏や工匠・画師を下賜され、国の大寺として王興寺《おうこうじ》を創建するなど、仏教を国教として振興に努めたのである。聖王の仏教振興は、一つには高句麗・新羅の軍事攻勢に対抗する呪力を求めたものである。日本への仏像等の献上も、仏教流布という宗教的使命を果たす目的のほかに、日本との同盟関係を強化するという外交政策上の狙いを含んだものであった。

ただこうした狙いはともかく、以後百済は欽明朝に曇慧《どんえ》・道深《どうしん》、敏達朝に禅師《ぜんし》・比丘尼《びくに》・呪禁師《じゅごんし》・造仏工・造寺工と、仏教スタッフを相次いで派遣する。厩戸皇子の時代にも、高句麗僧慧慈と並んで「三宝の棟梁」と称され、皇子の師であったとも伝えられる慧聡《えそう》、そして後に日本最初の僧正となる観勒《かんろく》が来日している。遣隋使によって中国との直接交流が開けるまでは、百済は最大の仏教供給源だったのである。ただ廐戸皇子の時代以前の百済僧はじめ渡来僧の活動は、教化や布教といった方面には展開しなかった。その貢献は、もっぱら造寺・造仏あるいは読経・拝仏儀礼といった祭祀や施設の整備運営に向けられていた。そしてそれは、以下で見る日本側の仏教理解に沿った行動だったのである。

公伝時の仏教　さて『日本書紀』によれば、仏像等の献上にあたって、聖王が宣揚した仏教推薦のポイントは二つあった。一つは、儒教の聖人すら理解できない高度な教えであること。もう一つは、地域や人を問わず無限の利益をもたらす功徳《くどく》大なる教えであること。この二つである。これに対して欽明天皇は、使者に次のごとく答えている。

われ、昔よりこのかた、いまだかつて是《かく》の如く微妙《くは》しき法を聞くことを得ず。

だがこれは聖王の推薦文をそのまま鸚鵡《おうむ》返しにしただけの言葉である。中国でなんとか内容を理解するまでに五〇〇年かかった仏教を、初めて接した欽明天皇が「微妙しき法」などと評価できるはずもない。むしろこれに続く群臣に諮《はか》った次の言葉こそ、正直な感想だったと考えられる。

西のとなりのくにの献れる仏の相貌端厳《かおきらきら》し。全《もは》らいまだかつて有《あら》ず。礼《いやま》うべきやいなや。

「仏の相貌端厳し」という感想には、利益がありそうだというニュアンスも含まれているのだろうが、いずれにしても見た目だけからの判断である。そしてよく似た話が中国の仏教伝来説話にも見られる。異質な宗教が入って来たときにまずアピールするのは、教義や思想自体ではなく、五官に直接訴える付随装置の方なのである。仏教はまず神秘的美しさを持つ仏像に拝礼する宗教として日本人の前に現れた。仏とはすなわち仏像であり、仏像を祀って百済王の言う無限の利益を祈願するのが公伝当初の日本仏教だったのである。

「蕃神」と巫者

こうした公伝当初の仏教理解を象徴する言葉が、物部尾輿《おこし》・中臣鎌子《かまこ》の礼仏《らいぶつ》反対意見に見える「蕃神《ばんしん》」である。その反対意見とは、「蕃神（=仏）」を祀ると在来の「国神」が怒って祟《たた》りをなすというものである。つまり仏は「国神」に嫉妬《しっと》されるような、「国神」と同列の存在だったのである。こうした認識は、礼仏を主導した蘇我氏も共有するところであったらしく、敏達十四年（五八五）病を得た蘇我馬子は、その原因を占わせて、「仏神の心に祟れり」との結論に至っている。また同年の廃仏直後に流行した疫病については、「これ仏像焼きまつる罪か」との噂《うわさ》が流れている。一般の人々の認識も、同様だったのである。

この前年蘇我馬子は、日本で初めて善信尼《ぜんしんに》らを出家させている。一見すると仏教理解の深まりを示す現象のように見える。だがその出家の師僧に選ばれたのは、その任に相応しい百済派遣僧ではなかった。わざわざ他に「修行者」を捜して、高句麗出身の還俗者恵便《えべん》という人物をあてているのである。正統な戒律観からすれば、考えられないやり方である。また日本仏教を今後整備していくとすれば、尼よりもまず僧侶の出家が求められるところである。にもかかわらず尼ばかり三人を出家させているのである。これらからするに、善信尼らに期待されていたのは仏道の修道者としての役割ではなく、

「国神」に仕える巫女と同じ役割だったと考えられる。善信尼の出家は、彼女らが「蕃神」に親しく勤仕《ごんし》して、その呪力を十全に引き出させることを期待してなされたのである。それは馬子の仏教理解の深まりを物語る行為ではないのである。

出家して三年後の用明二年（五八七）、善信尼らは百済に渡っての戒律修得を申し出ている。このとき百済では、謙益のもたらした『五分律』に依拠してすでに律宗が創始されている。善信尼らの申し出は、こうした百済仏教の状況と、「蕃神」信仰から抜け出せない日本仏教の現状を踏まえたものと考えられる。従ってなかには彼女らのように、如法《にょほう》な仏教のあり方に目を向ける者も現れ始めていた。ただそうした動きは、容易には一般化しなかったのである。

仏教理解の停滞　崇峻三年（五九〇）に戒法を学んで善信尼らが帰朝した後、出家や受戒のための体制整備がなされた様子はない。彼女らの修得してきた戒法を、他の出家希望者に習学させる方策も採られていない。そしてこうした状況は、かなりの間変わらなかったようである。推古三十二年（六二四）、一僧が祖父を斧で打つ事件が起きたとき、日本仏教界のために弁明した観勒は次のように述べている。

我が王（聖王）、日本の天皇の賢哲を聞きて、仏像および内典を貢上《たてまつ》りて、いまだ百歳にだもならず。故《かれ》、今の時に当たりて、僧尼、いまだ法律を習わぬを以て、たやすく悪逆なることを犯す。

仏教者が第一に守るべき法として、三〇年前に善信尼らがもたらしていたはずの戒法においてすら、日本僧尼の習熟度はこの有様である。僧尼合わせて一四〇〇名を数えたという推古朝末年においても、戒律など仏教本来の教義を理解していた者はごくわずかだったのである。

こうした状況を見れば明らかなように、廏戸皇子の時代でも、仏教に対する一般の理解は、公伝当初からほとんど変わっていなかった。仏教とは「蕃神」である仏（像）を奉祀して利益を祈願する宗教であり、僧尼とはこの「蕃神」に仕える巫者だったのである。ただこの「蕃神」の強力で普遍的な呪力は、「国神」の祟りへの恐怖を凌駕して人々を魅きつけていったようである。『日本書紀』で廃仏派の頭目とされている物部氏も、実は寺を造営していたことが発掘で明らかになっている。こうした動向を背景に、即位後間もなく重病にかかった用明天皇は、平癒《へいゆ》を仏の呪力に頼るべく仏教帰依《きえ》の意向を表明した。公伝時と同じく物部《もののべ》氏・中《なか》臣《とみ》氏は反対したものの、その意向はなし崩しに入れられる。「豊国法師《とよくにのほうし》」という豊前《ぶぜん》の呪

図5　観勒（法隆寺所蔵）

者系と見られる僧侶が、治病《ちびょう》を祈るため内廷に入る。また同じく鞍作《くらつくりの》多須奈《たすな》は、出家して新たな寺と仏像を発願する。「国神」祭祀の総師として代々仏教に距離を置いてきた天皇までも、この「蕃神」の呪力に対する期待は浸透していたのである。まだ公認こそ得ていないものの、すでに仏教は治病などの具体的祈願に応える強力な呪術として、日本社会に受容されていたのである。

4 推古朝の仏教 ——廐戸皇子の登場——

若き日の仏教信仰 みずからの仏教帰依や周囲の祈願も空《むな》しく、用明天皇は即位二年にして没する。そして間もなく起こった物部氏一党と蘇我氏一党との武力衝突によって、半世紀にわたる懸案であった仏教公認は決着を見る。廐戸皇子が颯爽《さっそう》と登場したのは、その武力衝突の場であった。

是の時に、廐戸皇子、束髪於額《ひさごはな》して、軍の後に随へり。(中略)すなはち白膠木《ぬりで》をきり取りて、疾く四天王の像に作りて、頂髪に置きて、誓をたてて言はく、「今もし我をして敵に勝たしめたまはば、必ず護世四王のみために、寺塔をたてむ」とのたまふ。蘇我馬子大臣、また誓をたてて言はく、「おほよそ諸天王・大神王たち、我を助け衛《まも》りて、かつこと獲しめたまわば、願はくは、まさに諸天と大神王のみために、寺塔をたてて、三宝を流通《つた》へむ」といふ。

ここで皇子が祈っている四天王は、天武朝以降『金光明経』などの所説にのっとった護国神として重視されるようになるが、皇子の願意もあくまで現世利益たる戦勝祈願を行っているのだから、それなりの知識が背景にあることは推測される。だが所詮続けて記されている馬子の祈願と大差はなく、蘇我氏の旧来型「蕃神」信仰のバリエーション以上のものではない。この時点の廐戸皇子の仏教信仰は、蘇我氏をはじめとする日本人一般のそれと大して変わりはなかったのである。

廐戸皇子の仏教理解が深まって、その信仰が本来の仏教教説に近づくのは、推古天皇即位後の推古三年（五九五）、高句麗僧慧慈・百済僧慧聰の来日以降のことである。この後、推古十年（六〇二）にも、百済僧観勒そして高句麗僧僧隆《そうりゅう》・雲聡《うんそう》と相次いで朝鮮僧の渡来を見る。そして彼らは「三宝《さんぼう》の棟梁」と称された慧慈・慧聰や廐戸皇子没後の日本仏教を主導した観勒に象徴されるように、前代までの祈禱僧の役割しか果たさなかった渡来僧たちとは異なっていた。慧慈らは日本人に対する教化を積極的に行って、日本に正しい仏教を流布・定着せしめる役割を担ったのである。日本人に仏教本来の姿が開示されたのはこの時期からであり、廐戸皇子もその恩恵に浴した一人だったのである。

慧　慈　これら新渡来僧のなかで、廐戸皇子の師と伝えられているのは慧慈と慧聰である。なかでも皇子が親近したのは慧慈であった。二人の強い紐帯は、帰国後皇子の死を知った慧慈が大いに嘆いて後を追ったという『日本書紀』の記事からも推測される。以下で見ていく廐戸皇子後半生の仏教理解や信仰を導いたのは、この慧慈だったのである。

慧慈は三論・成実教学の学僧とされている。そして先に触れたごとく、彼の母国高句麗の三論教学は、中国のそれに匹敵する水準にあった。慧慈もまたそうした最高水準の教学を修めた学僧だったであろう。一方廐戸皇子は、仏教といっても「蕃神」信仰からほとんど出ない次元のそれに囲まれて育っている。慧慈が開示した本格的な仏法と体系的な教学の世界は、皇子の目には驚くべき新鮮なものと映ったであろう。慧慈との出会い以降、廐戸皇子は貪欲に師の仏教を吸収していく。そして慧慈もまた、この飲み込みの速い異国の皇子を意欲的に教化していったのである。かくして廐戸皇子の仏教理解は急速な進歩を見せる。知識の充実ばかりではない。皇子の仏教信仰も、短期間の内に「蕃神」信仰から離陸して、仏教本来の人間省察《せいさつ》に基づく内省的な信仰へと深化していったのである。

日本人に初めて開かれたこの本格的仏教は、廐戸皇子を通じていささかながらも周囲を感化していく。そこに蘇我氏の主導する「蕃神」信仰型の仏教とは別に、本格的仏教を指向するグループが形成されていった。慧慈と一部の渡来僧そして廐戸皇子とその一族といったごく少人数のグループだったが、推古十一年（六〇三）に皇子から仏像を賜っている秦河勝《はたのかわかつ》なども その一員だったのであろう。そして彼らの信仰拠点として、蘇我氏仏教の拠点飛鳥寺《あすかでら》から離れた斑鳩《いかるが》に創建されたのが法隆寺だったのである。

推古天皇と仏教　同じく仏教を信奉しているとはいっても、その仏教の内実がかなり異なっていた蘇我馬子が、慧慈や廐戸皇子のグループに属さなかったのは当然である。だが廐戸皇子の叔母にあたり皇子の講経を要請したとされる推古天皇の仏教に対するスタンスも、皇子と同一ではなかった。治世下での華やかな仏教文化の展開とは裏腹に、天皇自身は篤信《とくしん》の仏教信者ではなかったし、全面的に仏教に肩入れしたわけでもなかった。

天皇は治世二年目の推古二年（五九四）、いわゆる「三宝興隆の詔」を発したとされている。だがこれを伝える『日本書紀』の記事は、そのままに受け取るには問題が多い。また事実そうした詔が出されたとしても、即位後間もない推古天皇の意志よりは、以前から仏教祭祀を主導していた蘇我馬子周辺の意向を汲んだものと見た方が自然である。

次いで推古十四年（六〇六）の仏師鞍作《くらつくりの》止利《とり》を賞する勅には、「われ、内典を興し隆《さか》えしめむとおもふ」との文言が見えている。だがこれは止利一族の功績を讃える主文を引き出す枕言葉《まくらことば》のごときものであり、そのまま天皇の強い意欲の表現とは受け取れない。またこの年、推古天皇はみずから請うて、厩戸皇子に『勝鬘経』『法華経』を講経させている。だがこうした講経もこのときだけの単発に終わっており、一時的興味から企図された可能性が高い。結局天皇自身が積極的・持続的に仏教興隆に寄与したことを示す確実な史料はないのである。

その一方で仏教に押され気味の在来神祇については、推古十五年（六〇七）にわざわざ懇切な詔を発して祭祀を怠らぬよう命じ、蘇我馬子と厩戸皇子に神祇拝礼をさせている。また先に見た推古三十二年の僧侶の傷害事件に際しての反応も、いきなり不良僧尼の全面摘発・処罰を命じるなど、かなり

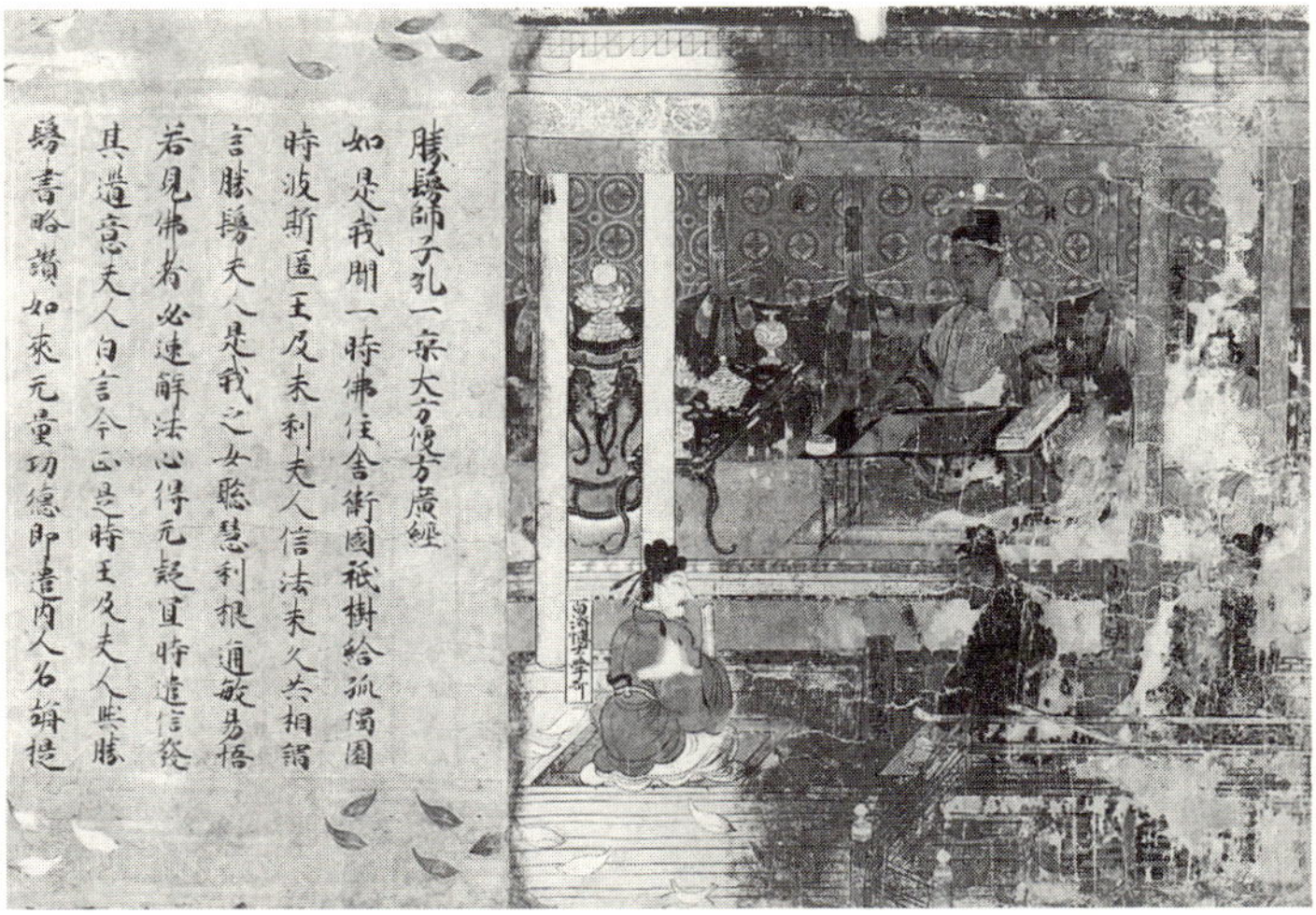

図６　『勝鬘経』巻頭（法隆寺献納宝物，東京国立博物館所蔵）

仏教に対して厳しいものがある。推古天皇にとって、飛鳥寺を筆頭に続々と寺院が創建されて仏教祭祇が盛行し、僧尼形の者が巷で珍しくなっていく世情は、必ずしも手放して歓迎すべきものではなかったのである。

天皇個人は仏教を「蕃神」として尊崇していたであろうし、在来神祇にはないその教えに魅かれるところもあったろう。だが在来神祇祭祀の頂点に立つ身としては、蘇我氏の主導する仏教祭祀に人々がなし崩しに傾斜していく動向は、素直に容認できるものではなかった。ましてや在来神祇秩序における異邦人であることを顕示する僧尼形の者が目立ち始め、その必ずしも厳正ならざる素行《そこう》を目にするにつけ、次第に仏教に距離を置くようになっていったのである。朝野こぞって仏教文化にひたっていたかに見える推古朝において、天皇自身の眼差しは意外に醒めたものだったのである。

廏戸皇子仏教の位相　結局廏戸皇子のような仏教理解や信仰は、同時代の日本にほとんど広がりを見なかった。慧慈と皇子以外では、ごくわずかの共鳴者しかいない孤立した現象だったのである。それは一級の学僧であった慧慈と本格的仏教を学習する意欲と能力を持つ廏戸皇子という、当時としては幸運な出会いから生まれた特異な産物であった。日本仏教の本流は、まだそれとは隔った次元を流れていたのである。

一方廏戸皇子自身について言うならば、多く取り上げられ賞揚されるその仏教関係の事績は、ほとんどみな慧慈との交流の成果なのである。それ以前の皇子の仏教は、公伝以来の「蕃神」信仰からそう出るものではなかった。従って高い評価を受けている彼の後半生の仏教にしても、「蕃神」信仰から出発して短期間の修練で到達し得る範囲内で考えないと、現実離れした像になってしまう。そして旧来の神話的聖徳太子像に欠けていたのは、こうした常識的視角なのである。以下この点に留意しつつ、廏戸皇子後半生の仏教に光をあててみよう。

5　『三経義疏』・『憲法十七条』・講経

『三経義疏』の内容と成立　廏戸皇子の仏教事績とされてきた諸事のなかで、最も顕著な評価を得ているのは『三経義疏』である。言うまでもなくこれは、推古十九年（六一一）から二十三年にかけ

て製された と伝えられる『勝鬘経義疏』『維摩経義疏』『法華義疏』のことである。この三部の経典註疏は、一方で廐戸皇子の教理理解の水準を示す傑出した成果とされながら、他方ではつねにその真選を疑われてきた。そしてこれが廐戸皇子の真選であるか否かによって、彼の仏教水準の位置づけは相当異なってくる。『三経義疏』との関係を抜きにして廐戸皇子の仏教を語ることはできないのである。そこでまずは『三経義疏』の具体的内容から検討してみよう。

『三経義疏』の骨格をなしているのは、梁代学匠の説である。『勝鬘経義疏』は僧旻、『維摩経義疏』は智蔵、『法華義疏』は法雲といういずれも梁代成実学派を代表する学匠の説を主軸として、そのうえに吉蔵の新三論教学に近似した学説の引用や一部独自の見解を加えて『三経義疏』は出来上っている。そこで引用されている学説は、推古朝に知られていたとしても不自然なものではない。また主軸としている成実学説についても、廐戸皇子の師慧慈が三論・成実教学の学僧と伝えられていることと一見整合する。さらに三疏は共通して、在家主義に立つ大乗菩薩行の実践を強調しているが、これも自身在家信者である廐戸皇子の立場に相応しい。今日なお根強い廐戸皇子(聖徳太子)真選説は、こうした状況証拠を根拠としてきたのである。

だが『勝鬘経義疏』に関しては、すでに藤枝晃氏による本疏に近似した敦煌写経の発見と研究(「勝鬘経義疏解説」『日本思想大系　聖徳太子集』所収、岩波書店、一九七五年)によって、六世紀後半に中国で成立したことがほぼ確実になっている。

また『法華義疏』であるが、同経譬喩品《ひゆぼん》「長者火宅の喩」に見える車駕《しゃが》の数を四車と解している。これは本疏が依拠した成実学派の法雲説そのままなのだが、一方三論学派では採らない説である。そして厩戸皇子の師慧慈は三論・成実学僧とされているが、彼が属する高句麗三論学派は、『成実論』を小乗論として切り捨てた吉蔵ときわめて近い。その慧慈が自学派の三車説を排して、わざわざ小乗『成実論』にのっとる学派の四車説を採るとは考えにくい。さらに皇子のもう一人の師と伝える慧聡も、三車説を採る三論学派の僧なのである。だとすると『法華義疏』が慧慈や慧聡の手になるものとは考え難いし、弟子である厩戸皇子の製とも考えられないのである。ちなみに推古朝においては、彼ら周辺以外にこうした疏を製する需要も場もあったとは思われない。また隋唐仏教が主軸となる後代には、成実教学に立脚した『法華経』註疏を製する必要性が見出せない。結局『法華義疏』もまた、中国成立と見なさざるを得ないのである。

残る『維摩経義疏』については、早くから学説引用の形式や外典を引用していることなど、他の二疏と異なる特色が指摘されてきた。ただ依拠学派や学説の引用傾向といった基本要件では、他疏と一致している。その『維摩経義疏』を、一疏だけ切り離して日本成立と解するのは困難であろう。三疏はともに六世紀後半前後に中国で成立したとするのが、最も妥当な解釈なのである。従って『三経義疏』は、日本成立とすること自体無理がある。ましてや厩戸皇子の製とする説には、以下で見る彼の置かれた環境から考えても従えないのである。

廐戸皇子と教学　そもそも廐戸皇子が本格的な教理・教学の洗礼を受けるのは、慧慈の来朝以降である。もし『三経義疏』が、伝えられているとおりの時期に皇子によって製されたとすれば、修学の開始から十数年しかない。廐戸皇子がいかに優れた理解力を持っていたにせよ、また慧慈がいかに懇切に指導したにせよ、この程度の期間で、『三経義疏』のような専門的註疏を製する水準にまで達し得るだろうか。『三経義疏』の註疏としての出来は秀逸ではないが、少なくとも六世紀後半の中国仏教界の水準には達している。「蕃神」信仰と大差ないレベルから出発した在家仏教者が、十数年程度の修学でそうしたレベルにまで至り得るのだろうか。

比較対象として梁の武帝《ぶてい》（四六四—五四九）を見てみよう。武帝は『法華経』『般若経』等をしばしば講じ、『法華経』『大品経』『維摩経』等については註疏も製している。彼の手になる疏の序文や懺《せん》文《もん》を見るに、その教理理解はかなりの水準に達していたことが窺われる。ただ武帝の場合には、すでに仏教界で諸学派が教学研究を競い合っており、彼の周囲には学派を代表する学匠が集っていた。また武帝自身も僧侶に等しい修学生活を送ったとされている。「蕃神」信仰からスタートして、摂政としての政務の傍ら、慧慈一人に就いてやっと十数年修学しただけの廐戸皇子とは比べるべくもない。武帝がそうだったからといって、廐戸皇子が『三経義疏』を製しても不思議ではないとは言えないのである。

もう一つ、日本の後世の事例を参照しておこう。奈良時代後期の法相学匠明一《みょういつ》（七二八—七九八）

は、『金光明最勝王経註釈』という註疏を著している。これは半世紀前に玄昉《げんぼう》が将来した唐の慧沼《えしょう》の学説に依拠した註疏である。ただその依拠姿勢は、『三経義疏』よりはるかに無批判なものである。慧沼の疏のほとんど丸写しなのである。すでに南都六宗で諸宗教学の研究が進んでいた時代の学匠にして、半世紀前に伝来していた学説の消化がこの程度なのである。より条件の悪い環境にいた厩戸皇子を『三経義疏』の著者に当てるには躊躇せざるを得ない。

こうした諸点から考えるに、『三経義疏』を厩戸皇子の選述とか皇子の主導下にあるグループでの選述などとする説は成立し得ない。やはり六世紀後半あたりの中国で選述されたものと見るのが最も自然なのである。三疏が初めからセットであったかどうかは不明だが、いずれも藤枝氏の言うように、遣隋使によって日本にもたらされたのであろう。そしてそれが厩戸皇子の手に渡ったとすれば、本家中国仏教のテキストとして格好の指南とされたはずである。推測するにこのような経過をたどって、皇子の座右の書として重用されるようになった『三経義疏』は、彼の没後いつしか皇子自身の選述という伝説を担うようになっていったのである。

つまり『三経義疏』は、厩戸皇子自身の仏教から産み出されたものではない。皇子が修得しようとした仏教を表象するものなのである。そして当時の日本仏教の実情からすれば、そうした本格的な教学に取り組もうとしたこと自体、並外れて意欲的・先進的姿勢である。慧慈が皇子と親近するにあたっては、その優れた理解力を賞《め》でたというだけでなく、こうした意欲的姿勢に共感したという事由も存在したのである。

仏教国日本の理想　廐戸皇子の仏教修学の成果が、皇子や慧慈のグループ以外の人々にも見える形で提示されたのは、推古十二年（六〇四）の『憲法十七条』と推古十四年の推古天皇に対する講経である。

まず『憲法十七条』だが、これについても廐戸皇子の作ではないとする説がある。だが内容的には皇子の作として特別問題があるわけではない。むしろそうでないとすると、では誰の作かというさらにやっかいな問題に直面することになる。よって廐戸皇子の作として論を進めることにする。

その『憲法十七条』だが、これはもともと仏教宣布を目的としたものではなく、官人《かんじん》の服務心得である。従って最前列に押し出されているのは、官人制自体の思想背景をなす儒家や法家の主張である。そうしたなかで仏教色がもっとも濃く現れているのは、第二条の条文である。

二に曰はく。篤《あつ》く三宝《さむぼう》を敬え。三宝とは仏・法・僧なり。則ち四生《よつのうまれ》の終帰、万の国の極宗なり。いづれの世、いづれの人か、この法を貴びずあらむ。人、はなはだ悪しきものすくなし。よく教ふるをもて従う。それ三宝によりまつらずは、何を以《も》てか枉《まが》れるを直さむ。

このほか第十条の「忿《こころのいかり》」「瞋《おもへりのいかり》」の戒めや第十四条の「嫉妬《うらやみねたみ》」の戒めも、仏教に由来する条文である。ただそれらは、仏教を窮極的行為規範として提示した第二条の個別表現と見なされる。『憲法十七条』の仏教観は、この第二条に集約されているのである。

ここで『憲法十七条』が官人の服務心得であることと、廐戸皇子自身政務に携わる在家仏教者であることを考慮するに、第二条で「四生の終帰、万の国の極宗」と讃えられている仏教は、出家主義のそれではない。依拠経典や教学を特定するのは困難だが、世俗内での利他行《りたぎょう》実践を重視する大乗菩薩道仏教と考えねばならない。これを踏まえて仏教関連の条文を見直すならば、そこには廐戸皇子が描いていた仏教国日本の理想像が浮かんでくる。

官人たちが仏教を尊んで菩薩行を実践していくことにより、彼らは第十条に見える、

われ必ず聖《ひじり》にあらず。かれ必ず愚《おろか》にあらず。共に是凡夫《これただひと》ならくのみ。

といった平等観に目覚める。この平等観は大乗仏教の核である慈悲《じひ》につながる。いきおい慈悲を背景とするようになるであろう彼らの職務遂行は、意識せずとも大乗菩薩行そのものとなっていく。かくして統治者が菩薩道を歩み始めるとともに、感化を受けた民衆も同じ道を進み出し、日本は大乗仏教の教えと実践が定着した仏土となる。廐戸皇子が願いを込めて描いた日本の理想像は、こうしたものだったと推測される。

三年後の遣隋使に際し、廐戸皇子が小野妹子《おののいもこ》に託した煬帝《ようだい》への口上は、次の如く伝えられている。

聞く、海西の菩薩天子、重ねて仏法を興すと。故に遣して朝拝せしめ、兼ねて沙門《しゃもん》数十人、来《きた》って仏法を学ぶ。

本家中国の仏教に追いつかんとする心意気が伝わってくるようである。この口上も、『憲法十七条』

に現れている大乗仏土日本という理想、そしてみずからは「海東」の「菩薩太子」たらんという理想の対外的表明なのである。慧慈来朝以後一〇年の研鑽を経て、本格的仏教に親しみつつあったこの時期の廐戸皇子には、仏教は日本の衆生にも国家にも輝かしい未来をもたらす宝珠と映っていたのである。

講経の内実と背景　同時期になされた推古天皇に対する講経も、皇子自身の菩薩行実践という意味を持っていた。それは慧慈から吸収した成果を天皇に披瀝する場であったとともに、仏教者廐戸皇子においては、天皇に教えを施す法施《ほうせ》の意味を持つものだったのである。

ただこの講経で問題になるのは、具体的内容である。『勝鬘経』講経では、全一巻を講ずるのに三日かかったとされており、かなり詳細にわたるものだったように見える。後世の本格的講経では、経典全体や経題そして個々の経文についてかなり突っ込んだ教学的解釈を展開する。ただしそれは新鋭であれ重鎮であれ仏教界で名の知れた学僧の担うところであった。廐戸皇子はそうした講経をなしたのだろうか。

これについては、先の『三経義疏』の真偽検討で行った分析をそのまま援用することができる。そしてその結果から考える限り、廐戸皇子の教学理解の水準が、後世の本格的講経の如きをなし得るところに達していたとは見なせない。難解な用語や経文を解り易く解説したか、ないしは経典各巻・各品の初節や核心部分を正しく読んでみせたといったところが事実であろう。またその故に、仏教にさ

ほど親しんでいるわけではない推古天皇にもアピールして、

天皇、大きに喜びて、播磨国《はりまのくに》の水田百町を皇太子に施《おく》りたまふ。

となったのであろう。

そして厩戸皇子の講経がこのような内容だったとしても、それをなし得た皇子の仏教水準は十分評価に値する。「蕃神」信仰が大勢の当時の日本仏教からすれば、経文の解り易い解説や正確な読誦《どくじゅ》をなし得ること自体抜きん出た水準を示しているのである。さらに『勝鬘経』『法華経』をみずから選んで講じたとするならば、その選択の見識もかなりのものと言わねばならない。というのは、この二経はいずれも六朝仏教界の注目経典であり、盛んに研究された経典である。また『法華経』は、六朝以後僧俗を問わず広く信仰された経典でもあった。二経の選択は、第一にこうした中国仏教の動向を踏まえたものである。そして『勝鬘経』が王族の女性を主人公とした経典であることや、『法華経』が中国で女性出家者に人気の高い経典であることも、女帝推古天皇に相応しい条件として意識されていたかもしれない。選択の背景に窺われるこうした見識からしても、厩戸皇子の仏教水準は、同時代の日本人では類を見ないものであった。

ただそうした当時の日本人では仏教の第一人者であった厩戸皇子においても、教学的解釈や理解は手の届くものではなかった。日本人のなかで教学的講経や註疏選述が可能になるのは、さらに多くの渡来僧・留学僧による教学移植を蓄積した八世紀中葉以降のことである。一五〇〇年前の厩戸皇子には、慧慈から開示されたとしても、まだ消化できる代物ではなかったのである。

6　廏戸皇子の到達した仏教

「諸悪莫作」の背景と思想　これまで述べたところでわかるように、廏戸皇子の仏教の実像に迫り得る史料は、想像以上に少ない。そうしたなかで、現実の皇子の仏教信仰・理解とそう遠くはない境地を語る史料と見られるのが、彼が口にしていたと伝える二つの偈頌《げじゅ》である。すなわち一つは、廏戸皇子が臨終に際して諸子に遺言したと『日本書紀』に記されている、

諸の悪をな作《せ》そ。諸の善を奉行《おこな》へ。

もう一つは、『天寿国繍帳銘』に、生前皇子が妃の橘《たちばなの》大女郎《おおいらつめ》に告げたと記されている、

世間は虚仮《こけ》なり。唯《た》だ仏のみ是れ真なり。

である。

前者の偈頌は、『法句経《ほくきょう》』『増一阿含経《あごんきょう》』『涅槃経《ねはんぎょう》』に見える「七仏通戒偈《しちぶつつうかいげ》」の一節で、全文は次のとおりである。

諸の悪を作《な》す莫《な》かれ。諸の善を奉行《おこな》え。自ら其の意を浄《きよ》めよ。是れ諸仏の教えなり。

もともとかなり有名な偈頌であり、中国・朝鮮半島の仏教界でも、早くから仏教のエッセンスを表象するものとして流布していたようである。従って推古朝ごろには、渡来僧はもとより、ある程度仏

教に親しんだ日本人には知られていたと考えられる。

　こうしたポピュラーな偈頌であるから、厩戸皇子の遺言としても決して不自然ではない。また宗派的教学臭もなく世俗道徳にも通ずる平易なその内容は、これまで見てきた厩戸皇子の仏教と素直に調和する。晩年の皇子は、この偈頌をみずからの奉ずる仏教の集約的表現として受容し、また近親者にも受け継がせんとしたのである。厩戸皇子が最後に行き着いた仏教とは、こうした境地のものだった。慧慈の導きとみずからの修練によって皇子が至ったのは、形而上学的《けいじじょうがく》な教学仏教ではなかった。俗人を含めたすべての人が実践し得る身近な仏教だったのである。

「世間虚仮」の背景と思想　このように考えるとき、もう一つの「世間は虚仮なり」の偈頌も、また別の面から厩戸皇子の率直な仏教観を吐露したものと見ることができる。

「諸の悪をな作そ」の偈頌とは異なり、こちらと一致する経文は現存経典には見出せない。そのため、ややもすると冒頭で触れた神話的聖徳太子像に引き寄せられて、「空《くう》」「中道《ちゅうどう》」「諸法実相《しょほうじっそう》」といった高度に教学的な仏教理解を表象したものとされてきた。だが皇子の仏教がそうしたものでなかったことは、すでに見たとおりである。そしてじつは、釈迦の前世物語（本生譚《ほんじょうたん》）を集めて分類した『六度集経《ろくどじゅっきょう》』（三世紀の康僧会《こうそうえ》訳）には、これによく似た文句が見えているのである。

　世の足ることなきを観《み》て、唯《た》だ道を得て、すなわち止むのみ（巻四弥蘭王本生）。

　世を観て、親しむことなく、唯だ道をのみ宗とすべし（巻六鸚鵡王本生）。

図7　玉虫厨子（法隆寺所蔵）

（玉虫厨子台座側面，捨身飼虎図）

衆聖の書のなかにして、唯だ仏の教えのみ真なり（巻六童子本生）。
三界《さんがい》は皆空なり。それ有なるは悉《ことごと》く無なり。万物は幻のごとし。一に生じ一に滅して、なお水泡のごとし（巻七常悲菩薩本生）。

一字一句が合致するわけではないが、意味するところは同じである。また法隆寺に残る玉虫厨子《たまむしのずし》台座側面図には、捨身飼虎図《しゃしんしこず》・施身聞偈図《せしんもんげず》といった本生譚の場面が描かれており、廐戸皇子創建の同寺における本生譚への強い関心が窺われる。これらを考慮するに、本生譚を集めた『六度集経』の文句を廐戸皇子なりに集約した偈頌が、

世間は虚仮なり。唯だ仏のみ是れ真なり。

だったという推測は、不自然ではあるまい。

先に触れた『憲法十七条』や隋の煬帝への口上に現れている廐戸皇子の積極的姿勢に比べると、この偈頌の姿勢は随分孤立的・厭世的なものに見える。だが仏道専心の出家者でもない仏教後進国の在家信者である皇子の思想を、単一の仏教論理で一貫したものと見なしては、また神話的聖徳太子像へと陥ることになる。世俗生活においては、大乗菩薩道を指向する為政者として『憲法十七条』などに示されている方向で活動しつつも、一人の仏教者に戻ったときの独白がこの偈頌だったとすれば、生身の廐戸皇子の心境として少しも不都合ではない。また人間の本心は、晴の場における言動よりは内輪での会話でふと漏らした言葉に現れるものである。それを思えば、皇子の表舞台での行業《ぎょうぎょう》から抽出される思想よりも、親しい妃に漏らしていたというこの偈頌の方が、彼の真情には近かったと考えられる。またたからこそ皇子の周辺で、その想い出の言葉として伝えられていったのであろう。

孤独な仏教者　そして付け加えるならば、同じ繡帳銘で橘大郎女が廐戸皇子が往生した場所と語っている「天寿国」について、具体的にどの浄土かを確定しようとするのは見当違いであると思われる。これまでに見た皇子の仏教理解や信仰からして、皇子が特定の教派教義に導かれて特定の浄土への往

生を祈願していたとは考えにくい。「唯だ仏のみ是れ真なり」の「仏」が特定の仏格を意識していないのと同様、「天寿国」もまた特定の浄土を指すものではないと考えるのが自然である。「天寿国」は仏国土ないしは天界など、人界よりは高次で仏により近い彼岸《ひがん》世界を漠然とイメージした言葉だったと見るべきであろう。

この「天寿国」が廐戸皇子自身において、最終のゴールとして祈念されていたのか、あるいは教義どおりに涅槃《ねはん》に至る一階梯として意識されていたのかはわからない。いずれにしても「虚仮」なる現世の裏返しとして望見されていたのが「天寿国」であり、一人の仏教者としての廐戸皇子の最後の願いはそこへの転生《てんしょう》だったのである。

こうしてみると、晩年の廐戸皇子には孤愁の影がつきまとっていたように思われる。仏教といっても「蕃神」信仰が実情であった時代のなかで、廐戸皇子は群を抜いて正確な仏教理解に到達していた。ただそれだけにその理解を通じ合える相手は渡来僧以外にはなく、おそらく実質的には慧慈一人のみであった。またその故に彼らの師弟交流はきわめて親密なものとなったのである。だが慧慈の帰国以後は、同じレベルで親しく仏教を語る相手はいなくなる。仏教との距離やスタンスにおいて、以前から日本人のなかでは孤立していた廐戸皇子は、ますます孤立感を深くしていったのである。厭世感・寂寥《せきりょう》感の漂う「世間は虚仮なり」の偈頌は、皇子の率直な仏教観の表現であると同時に、晩年の心情をも表象していたのである。

聖徳太子の実像　廐戸皇子が没して六世紀後、親鸞が皇子（聖徳太子）を「和国の教主」と称讃したとき、親鸞の目に映っていた聖徳太子は、釈迦になぞらえられる日本仏教の開祖にして救世観音《ぐぜかんのん》の化身でもある超越的存在であった。だがこれまでの歴史上の廐戸皇子への照射から浮かんでくるのは、仏教後進国日本の大乗仏土への発展を夢見ながらも、最後には世間に背を向けて、一人みずからの浄刹《じょうせつ》転生を願って死んでいった孤独な知識人仏教者の姿である。廐戸皇子は聖者でも学匠でもなかった。「蕃神」信仰として流布しつつあった仏教の個人救済宗教としての本質に目覚めた、理想主義の知識人だったのである。歴史上のそうした知識人の例にもれず、廐戸皇子も同時代の思想環境から孤立していった。最も親しい師であった慧慈の去った晩年には、彼岸世界にのみ通ずる一人だけの道をたどるのである。

そして周囲から孤立していた廐戸皇子の仏教は、一部の近親者を除く日本人には顕著な影響を及ぼさなかった。歴史上の廐戸皇子は「和国の教主」ではなかったし、その仏教は日本仏教史にほとんど痕跡を残さなかった。この実態の見えなくなった廐戸皇子仏教の残影に覆いかぶさる形で、新たに創出された聖徳太子神話の仏教が流布していく。親鸞をはじめ後世の日本仏教者を刺激し続けていったのは、華々しい超越的外貌を持つこの聖徳太子仏教だったのである。

四　『元興寺縁起』と聖徳太子

本郷真紹

1　仏教公伝と『元興寺縁起』

成立年代をめぐって　現存する醍醐寺本諸寺縁起集《だいごじぼんしょじえんぎ》所収の『元興寺縁起《がんごうじえんぎ》』（以下『現縁起』と称す）は、『日本書紀』と異なる仏教公伝年次、すなわち『日本書紀』が欽明《きんめい》十三年壬申（五五二）の出来事とするのに対し、欽明七年戊午（五三八）を伝える点で有名であり、この年次の違いから、欽明天皇の即位年次や、ひいては安閑《あんかん》・宣化《せんか》朝と欽明朝の並立の可能性など、多くの日本古代史上の問題が提起されるに至った。その際、『日本書紀』は、七世紀末から八世紀初頭にかけての律令体制成立期に、一定の政治的意図を有して編まれた正史であるという点に鑑み、その内容には編纂の時点で造作・潤色された部分が大きく、取り扱いには注意を要するという事実を前提として、これとの異伝を有する『現縁起』は、むしろ『日本書紀』以前に成立した原史料に基づく、より信憑性の高い内容を有するものであると見なされ、その所伝を支持する向きの強いのが実状と言える。しかし、『現縁起』の奥書を信用するならば、その成立は天平十九年(七四七)二月、つまり『日本書紀』の成立より四半世紀以上も後のことであり、部分的に『日本書紀』よりも信憑性の高い所伝を有したとしても、そのまま『現縁起』がより多くの史実を伝えるものと受け止めることは、大変危険といわねばならない。

『現縁起』の分析を試みた福山敏男氏によれば、本縁起は本来豊浦寺《とゆらでら》建立の縁起を記したものを原史料とし、奈良末ごろに元興寺側が豊浦寺をその配下に置こうとして改変したものであるという(「飛鳥寺の創立」『史学雑誌』四五―一〇、一九三四年、および「豊浦寺の創立」『史学雑誌』四六―一二、一九三五年)。近年においても多角的な分析が試みられ、なかにはさらに成立年代を下らせ、平安時代末ころの成立とする議論も見えている(吉田一彦「元興寺伽藍縁起幷流記資財帳の研究」『名古屋市立大学人文社会学部研究紀要』一五、二〇〇三年)。

しかし、天台宗の祖最澄《さいちょう》が、弘仁十年(八一九)に著した「天台法華宗年分度者《ねんぶんどしゃ》回小向大式(四条式)」の中で仏教公伝年次の問題に触れ、「元興(寺)の縁起、戊午歳を取るは、すでに実録に乖《そむ》けり」と記していることから、この時点ですでに戊午年の公伝を伝える「元興寺縁起」が存在したことが認められ、『現縁起』がそれ自体というわけではなくとも、天平十九年成立の「元興寺縁起」(以下『天平縁起』と称す)が実在したと考えて差し支えないと考えられるが、ここでは、『現縁起』の史料批判に立ち入ることはせず、そこに窺われる内容について、考察を加えることにしたいと思う。

なお、意外にも諸論考でさほど強調されていないが、最初に注意を促しておきたいのは、『現縁起』によれば、本縁起は推古《すいこ》天皇の癸酉年（六一三）正月九日に、「馬屋戸豊聡耳皇子」すなわち聖徳太子が、天皇の勅を受けて、元興寺の本縁と天皇の発願、および諸臣の発願を記したものであるとことわっている点である。本縁起自体が聖徳太子の著述と謳っているわけであり、その意義をも合わせて考えたい。

仏教公伝時の経緯　欽明朝の仏教公伝について述べた部分で、『日本書紀』との相違が確認されるのは、先に触れた公伝年次に加え、このとき百済《くだら》の聖明王《せいめいおう》から贈られたとされる品目である。『日本書紀』には、釈迦金銅像一体・幡蓋《ばんがい》若干・経論《きょうろん》若干巻とあるのに対し、『現縁起』では、太子像および灌仏《かんぶつ》の器一具とされる。灌仏の器が附属していることから、ここに言う「太子像」が釈迦誕生像であることは疑いないと思うが、このときの百済王からの文言、仏教受容を巡る諸臣の反応等には、『日本書紀』の所伝ときわめて類似した内容が窺われ、共通の情報をもとに書かれた可能性を有するのに、なぜ、このような相違が生じたのであろうか。

察するところ、『現縁起』の方は、釈迦誕生像に限定することに、一つの意味を有したと目される。確かに、当時すでに悉達《しつだ》太子・誕生仏に対する信仰が存在したことは、遺物等からも確認されており、『日本書紀』に最初に登場する定例の仏事が、推古十四年（六〇六）条に見える、四月八日の灌仏会と七月十五日の盂蘭盆会《うらぼんえ》であることからすれば、あながち後世の潤色と即断することはできないが、む

図8 『元興寺縁起』(醍醐寺所蔵)

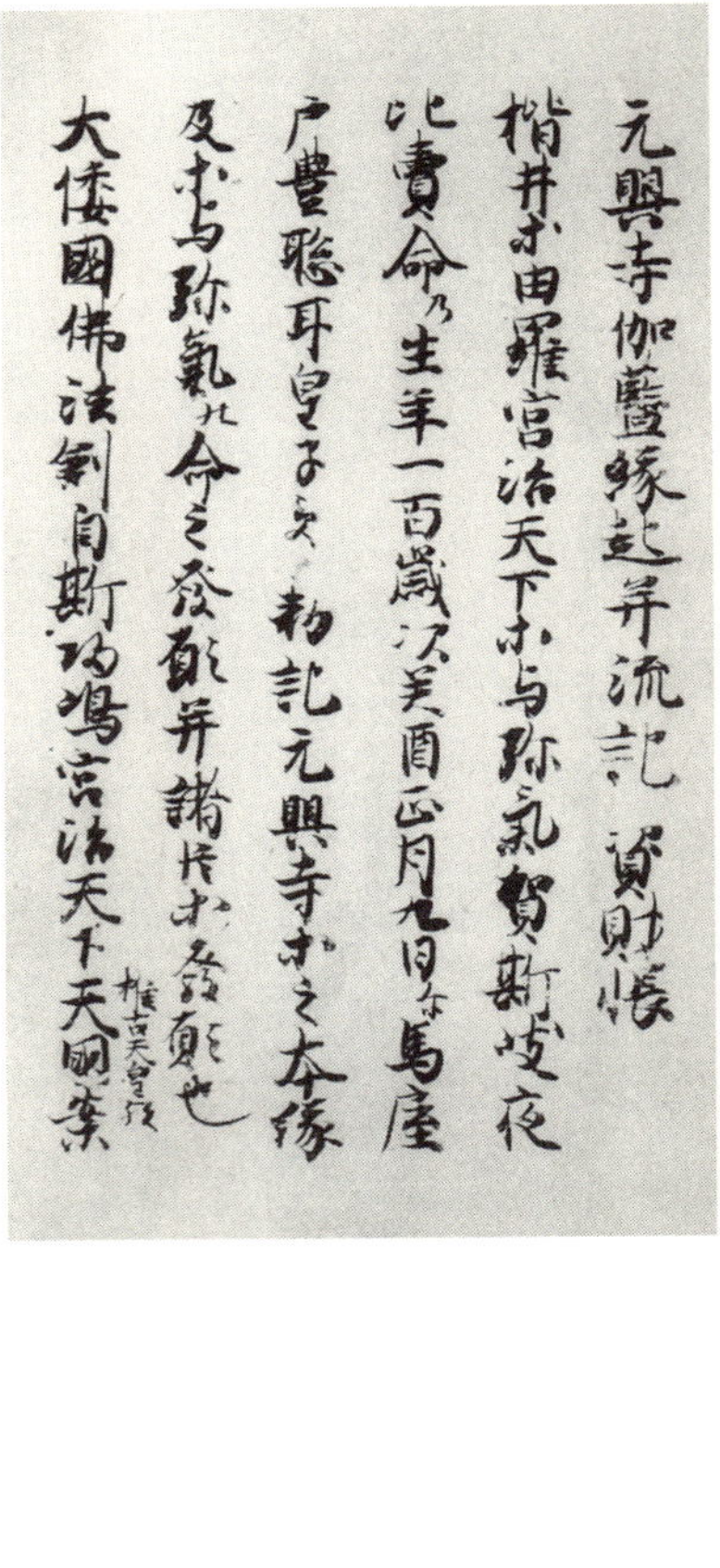

元興寺伽藍縁起并流記資財帳
楷井等由羅宮治天下等与弥気賀斯岐夜
比売命乃生年一百歳次癸酉正月九日馬屋
戸豊聡耳皇子受 勅記元興寺等之本縁
及等与弥気命之発願并諸臣等発願也
大倭国仏法創自斯帰嶋宮治天下天国案

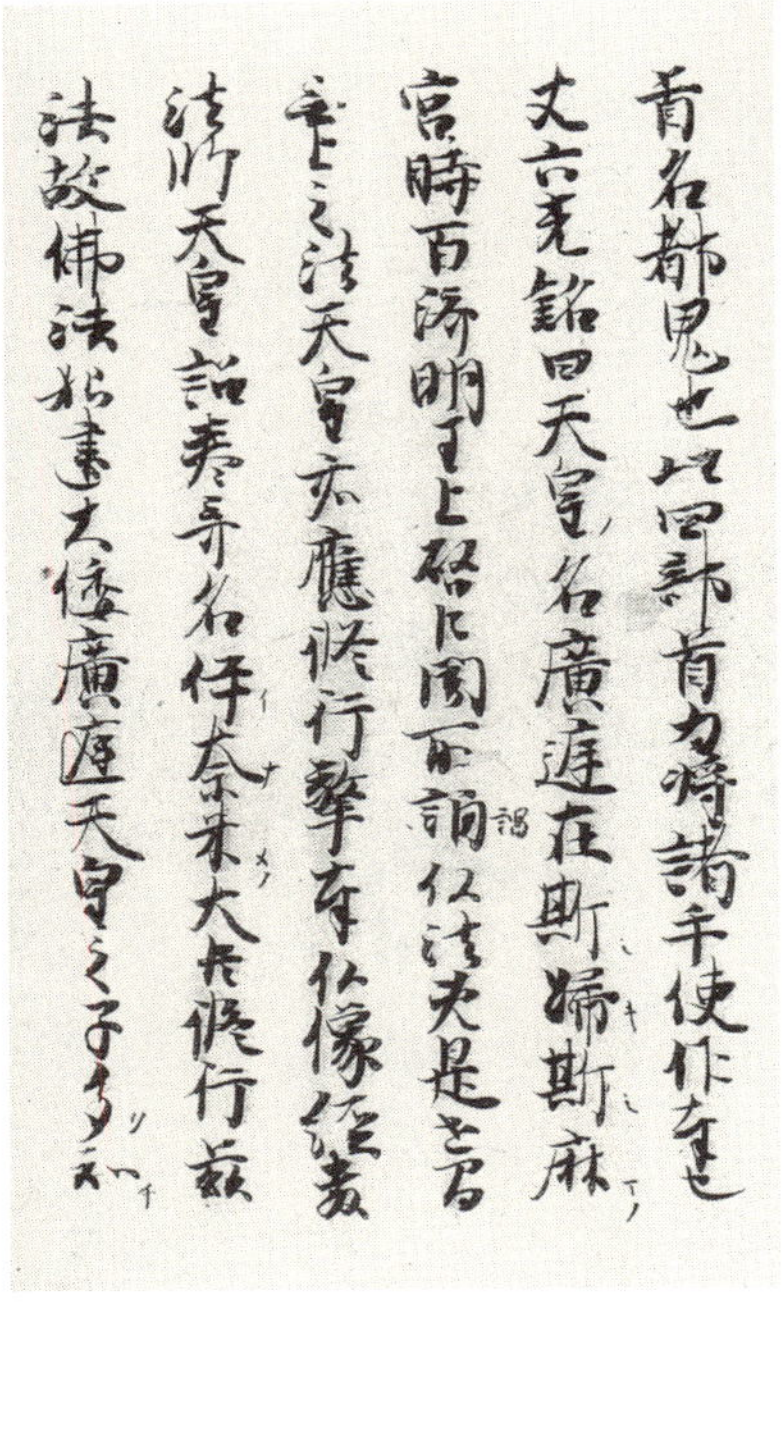

首名都鬼也 四部首為将諸手使作奉也
丈六光銘曰天皇名広庭在斯帰斯麻
宮時百済明王上啓臣聞所謂仏法既是世間
無上之法天皇亦応修行擎奉仏像経教
法師天皇詔巷哥名伊奈米大臣修行茲
法故仏法始建大倭広庭天皇之子多知

しろそこに積極的な意義が見出されるとすれば、やはり『現縁起』の著者とする聖徳太子に合わせ、ことさらに「太子像」に置き換えた可能性も想定せねばなるまい。

さらに今一点、『現縁起』と『日本書紀』で所伝の異なる点は、諸臣に仏教受容の可否を諮った後の措置である。『日本書紀』では、蘇我稲目《そがのいなめ》の賛成意見、物部尾輿《もののべのおこし》・中臣鎌子《なかとみのかまこ》の反対意見に触れた後、欽明天皇の判断で贈られた仏像等を蘇我稲目に授け、試みに礼拝させるとし、稲目はこれを小墾《おはり》田《だ》の家に安置したとある。これに対し『現縁起』では、天皇が安置場所を蘇我稲目に諮ったところ、稲目は大々王の後宮としている家に安置することを進言し、これを受けて天皇は大々王を呼び、その牟久原《むくはら》の後宮《こうきゅう》を祀る場所とせよと命じたという。この大々王こそは、欽明天皇と蘇我稲目の娘堅塩《きたし》媛《ひめ》との間に生まれた額田部《ぬかたべ》皇女、すなわちのちの推古天皇に他ならない。ちなみに、額田部皇女が誕生したのは甲戌年（五五四）であるから、『現縁起』の伝える仏教公伝時（戊午年＝五三八）にはいまだこの世に生を受けておらず、根本的な矛盾を来すことになるのだが、逆に、それでも何ゆえに、『現縁起』叙述の時点で額田部皇女の後宮を最初の安置場所とする必要があったのか、という意義を考えねばならない。後に触れるように、一つには蘇我氏との関係、また一つには、伝来した太子像が額田部皇女の後宮を転じた仏殿から元興寺へと移され、当寺でこの像が受け継がれたという来歴を述べる必要上の措置と受け止めることが可能であるが、さらに今一つの意義として、後宮と仏教受容との浅からぬ関係を強調する意図の存したことが想定されよう。

この後、『日本書紀』や他の史料にも、女性が仏教受容に密接に関わった事例が認められ、とりわけ宮廷においては、後宮の女性が仏教信仰を有した痕跡が見て取られる。律令体制成立後においても、同様の傾向が指摘でき、政治的意義を色濃く有する国家仏教とは別の、宮廷仏教と称すべき後宮の仏教信仰が存したと考えられるが、その嚆矢《こうし》として、大々王の後宮の果たした役割が設定された可能性が考えられるのである。

2　宮廷の仏教

蘇我系の皇子・皇女と排仏　仏教公伝より三十年余ののち、蘇我稲目が病となった際、その病床にて、池辺《いけべ》皇子すなわちのちの用明《ようめい》天皇と、当時他田《おさだ》皇子（のちの敏達《びだつ》天皇）の妃となっていた大々王の兄妹に対し、欽明天皇と稲目の意志を継いで仏教を崇拝すべきことを伝えたと『現縁起』は語る。その後、己丑年（五六九）に稲目が薨じると、翌年他の臣達が謀って堂舎を焼き払い、仏像や経典を難波江《なにわえ》に流した。その時、池辺皇子と大々王は、「ここは寺院でなく、仮の安置場所であり、大々王の後宮である」と主張して、公伝時の仏像が安置された堂を焼き討ちから守ろうとしたという。

辛卯年（五七一）欽明天皇崩御の直前にも、天皇は大々王の牟久原の後宮を仏殿にするように池辺皇子と大々王に命じ、大々王には代わりの後宮を与えた。次いで即位した敏達天皇から、仏教崇拝は内々にすべしとの命を受けた二人は、牟久原の仏殿を桜井《さくらい》に移して道場とし、百済から伝わった灌仏の器を収蔵した。この桜井道場には、日本で最初に出家したと記録される司馬達等《しばたっと》の娘嶋女《しまめ》（善信尼《ぜんしんに》）ら三人の尼を住まわせた。この後、乙巳年（五八五）に敏達天皇が排仏を命じた際にも、大々王は自分の後宮であると主張して、桜井道場を迫害から守ったという。

病床にあった蘇我稲目のみならず、欽明天皇までが仏教の崇拝を勧めたという池辺皇子と大々王すなわち額田部皇女。他にも欽明天皇の皇子・皇女がいるなかで、ことさらにこの二人に告げ、またこの兄妹が桜井道場の設立に尽力したとされるのは、のちに即位した池辺皇子（用明天皇）が、『日本書紀』に「仏教を信じ神道を尊ぶ」と評されるように、仏教に理解を示した天皇で、自身の病気の際に仏教への帰依を諸臣に検討させたと伝えられることや、その妹の額田部皇女もまた、即位後に仏教の興隆を命じるなど、兄妹揃って仏教の受容に理解を示した存在であったことが、その前提となっているように思われる。しかし同時に、この兄妹が蘇我稲目の娘堅塩媛の生んだ子で、幼少よりその母の住まいする環境、つまり蘇我氏ゆかりの地で暮らしていた可能性も考えねばならないであろう。もしそうであるとすれば、当然仏教に対しても、他の皇族とは異なった意識をもっていたと推測され、それがひいては天皇としての仏教に対する姿勢に現れたと受け止めることができよう。

仏教に対する意識がこの兄妹とは異なっていたように描かれるのが、二人の父欽明天皇と、異母兄の敏達天皇である。欽明天皇は、蘇我稲目の仏教受容を是とする見解を尊重しながらも、結局他の諸臣の排仏意見をやむを得ないものとして受け入れる。また、のちに病を得、兄妹に対し稲目の言に従うように命じた際にも、「仏神は恐ろしきもので、憎み捨てるべきではない」と、その直前に生じた神火による大宮の火事と、これを契機とする自身の病気を、仏神に起因するものと理解している。つまり、仏は在来の神と同様に「荒ぶる」性格を有するものと見なされ、進んでこれに帰依し、その功徳に期待するというよりも、恐るべき対象であり、これを宥《なだ》めることを目的に崇拝すべしとされているのである。次の敏達天皇に至っては、主体的に排仏を断行したとされている。つねに在来の神祇《じんぎ》を崇拝することを第一の務めとした天皇の立場からすれば、これに代わって異国の神を奉祭することが憚《はばか》られたのは、ごく自然の反応と言わねばならない。とすれば、欽明天皇の血統に連なり、皇位についたにもかかわらず、崇仏の姿勢を示した池辺皇子と額田部皇女の兄妹については、父方の血統とその宗教的属性よりも、母方の蘇我の血統と仏教信仰との関係から、『現縁起』でその去就が設定されたと考える必要があろう。

「王の後宮」の転用　物部氏らによる排仏の行動については、『日本書紀』にも同様に、欽明朝と敏達朝の二度にわたり記録が見えているが、こちらには、大々王の抗議により仏殿が迫害から守られたという件りは窺われない。にもかかわらず、『現縁起』の方で、この二度にわたる排仏の記事のみならず、将来された仏像の安置場所として大々王の後宮の存在が幾度にもわたり強調されているのは、一体どのような意味を有するかという問題について、改めて考える必要がある。大々王の後宮を転じた仏殿は、場所を転じて桜井道場（桜井寺）と称されるようになるが、癸丑年（五九三）その大々王が即位すると、推古天皇は住まいとしていた等由良宮《とゆらのみや》を寺に転じ、新たに小治田（小墾田）宮を設けてそちらに遷ったという。福山氏が指摘したように、『現縁起』が豊浦寺の古縁起をもとに作成されたものであるとすれば、豊浦寺の由緒ある縁起として、大々王の後宮、さらにはその大々王が即位した推古天皇の宮の流れを汲む存在であるということが強調されるのは、むしろ当然と見るべきかもしれない。しかし、これが『天平縁起』に盛り込まれていたとすれば、単に宮廷仏教の嚆矢として受け止めるという評価のみではなく、時期的な点に鑑みて、今少し異なった解釈も可能となろう。

中国などでも例が見られるように、そもそも、国王やその一族により寺院が建立される場合、その宮と並列して建造されることが多かった。聖徳太子の斑鳩宮《いかるがのみや》と斑鳩寺の関係、あるいは、皇族ではないが、当代随一の政治権力者であった蘇我馬子《うまこ》の建立した飛鳥寺《あすかでら》も、甘樫丘の蘇我氏邸宅との関係からすれば、やはりその東方に位置した。勅願にかかる最初の官寺とされる舒明天皇の百済大寺は、舒明十一年（六三九）に大宮とともに造作が命じられ、西の民に大宮を、東の民に寺を造らせたとされるように、これも並列の関係で築造された可能性が高い。このような形態が一般的であるなかで、わざわざ大々王自身を退去させ、代わりの宮を与えてまで、その後宮を転じて仏殿とした、あるいは推古天皇が自身の宮を遷して旧宮を寺に転じたというのは、非常に興味のひかれる伝と言わねばならない。

天智《てんじ》天皇の発願にかかる川原寺《かわらでら》（弘福寺《ぐふくじ》）は、その母斉明《さいめい》天皇の川原宮の地に建立された寺院である。そして、法隆寺東院、すなわち夢殿《ゆめどの》を中心とする伽藍も、聖徳太子の斑鳩宮跡に建立された。亡き人物の追善《ついぜん》あるいはその遺徳を偲《しの》んで建立されたこれらの寺院は、その人物の生前に、それまで住んでいた居宅を転じて寺院とした例とは、区別して取り扱わねばならない。この『現縁起』に見られた大々王の後宮を転じた仏殿と同様の経緯で成立した寺院と言えば、やはり、光明《こうみょう》皇后が天平十七年（七四五）に、父藤原不比等《ふじわらふひと》より受け継いで居所としていた皇后宮を転じた宮寺、すなわちのちの法華寺《ほっけじ》の例を挙げねばならないであろう。正確には、恭仁《くに》京や難波《なにわ》京、紫香楽宮《しがらきのみや》等、聖武《しょうむ》天皇がその居所を転々としたのち、再び平城に還都した際に、もとの皇后宮を宮寺としたのであり、直前まで光明皇后が居所としていたところを退去して寺院に転じたわけではないが、それでも、後宮の女性がその居所である宮を寺院に転じたとする経緯は、『現縁起』に見られる大々王の後宮の例と酷似した状況といわねばならない。もし『天平縁起』に大々王・推古天皇の宮を転じて仏殿・寺院とした件りが含まれていたとするならば、この縁起が天平十九年初頭、すなわち旧皇后宮を宮寺に転じた一年半ほどのちに成立した点に鑑みて、やはり両者の間に密接な関係を想定せざるを得ないように思うのである。

さらに今一つ、この大々王の後宮の流れをくむ桜井道場の問題を考えるうえで、重要な示唆を与える記事が『現縁起』に見えている。

敏達天皇の命で行われた同天皇十四年（五八五）の排仏の際、善信尼ら三尼は「都波岐市（海石榴《つばき》市《ち》）」に連行され、法衣《ほうえ》を剝がされて陵辱を受けた。その後、蘇我馬子が自身の病に際し、彼一人が信仰することを条件として仏を祀ることを許されると、三尼を呼び寄せ敬礼したとある。『日本書紀』によれば、このとき馬子は精舎《しょうじゃ》を建立して三尼をここに迎え入れ供養《くよう》したとあるが、『現縁起』では、敏達天皇崩御の後、新たに即位した父帝用明天皇に聖徳太子が三尼を桜井道場に置いて供養すべきを進言し、天皇はこれを許可したと伝える。この後、三尼が百済にて受戒することを願い出たため、百済からの客（使者）に相談したところ、その客は、「尼の受戒は、まず尼寺に一〇人の尼師を招いて戒を受け、ついで僧寺に赴き十法師から受戒するのが作法である。しかし、この国には尼寺のみで僧寺は存在しないので、僧寺を設立して百済の僧尼等を喚び、受戒する必要がある」と答えた。そこで用明天皇が、大々王と廐戸皇子に、僧寺を建立すべき場所を定めるよう命じると、百済の客は、「百済では僧寺と尼寺は、鐘の音が互いに聞こえ、半月ごとに午前中に行き来できるところに設ける」と述べたという。ちなみに、『日本書紀』では、三尼を連れて百済に帰り受戒させて欲しいという蘇我馬子の依頼を受けた百済の調使が、「まず我々が本国に帰って国王に報告してからでも遅くはない」と答えたとあるので、やはり『現縁起』の経緯とはいささか異なっていることが認められる。

『現縁起』に見られる百済の客の返答で注目されるのは、百済の例としてひく僧寺と尼寺の関係である。善信尼らの受戒の手順に関連して述べられたものではあるが、尼師と法師（僧の師）の双方からの受戒が必要と説くのみならず、尼寺と僧寺の位置関係にまで言及している。『現縁起』が飛鳥寺

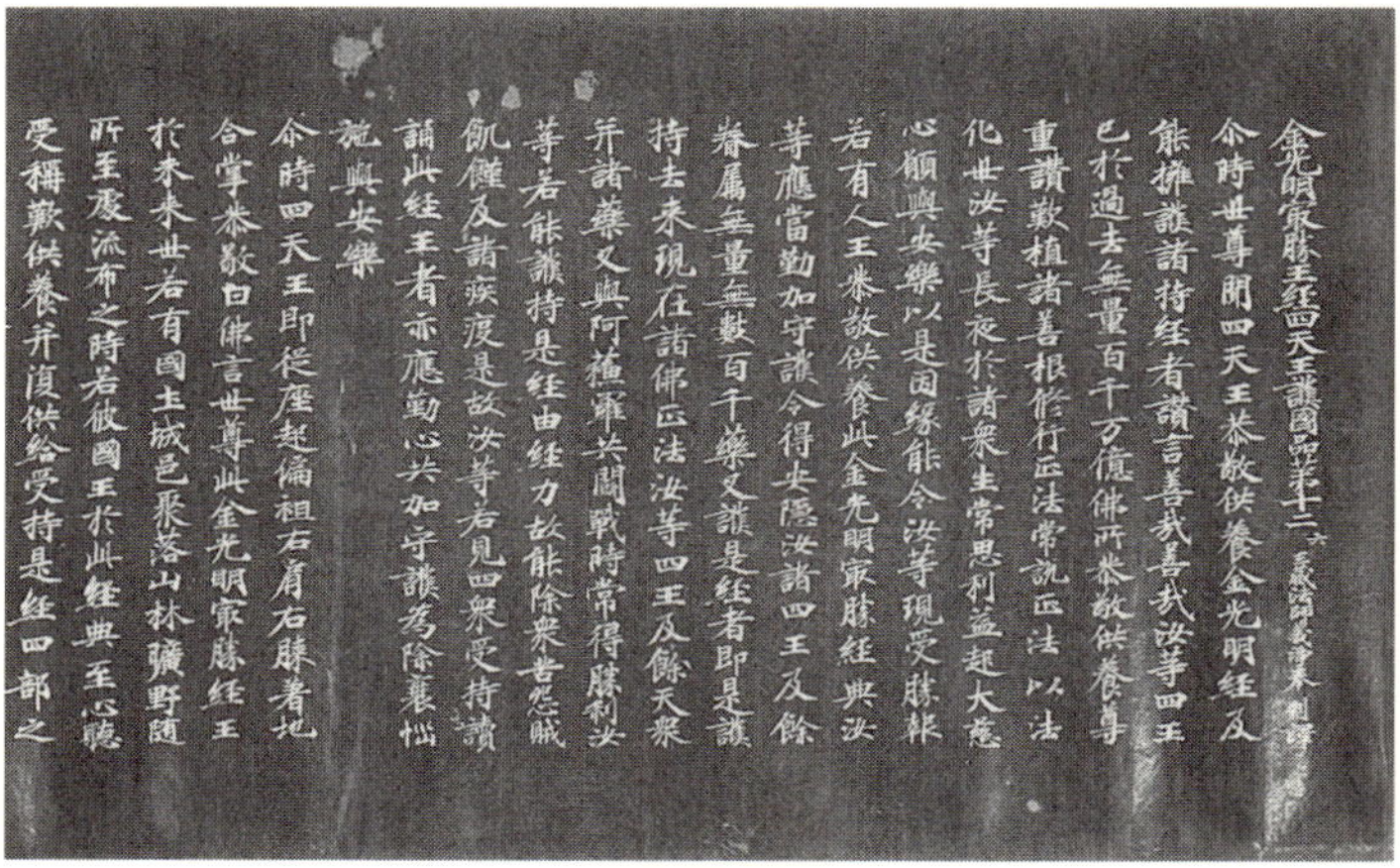
金光明最勝王經四天王護國品第十二 三藏沙門義淨奉 制譯
爾時世尊聞四天王恭敬供養金光明經及
能擁護諸持經者讚言善哉善哉汝等四王
已於過去無量百千万億佛所恭敬供養尊
重讚歎植諸善根修行正法常説正法以法
化世汝等長夜於諸衆生常思利益起大慈
心願與安樂以是因緣能令汝等現受勝報
若有人王恭敬供養此金光明最勝經典汝
等應當勤加守護令得安隱汝諸四王及餘
眷屬無量無數百千藥叉護是經者即是護
持去來現在諸佛正法汝等四王及餘天衆
并諸藥叉與阿蘇羅共闘戰時常得勝利汝
等若能護持是經由經力故能除衆苦怨賊
飢饉及諸疾疫是故汝等若見四衆受持讀
誦此經王者亦應勤心共加守護為除衰惱
施與安樂
爾時四天王即從座起偏袒右肩右膝著地
合掌恭敬白佛言世尊此金光明最勝經王
於未來世若有國土城邑聚落山林曠野隨
所至處流布之時若彼國王於此經典至心聽
受稱歎供養并復供給受持是經四部之

図9　紫紙金字金光明最勝王経

天平13年(741)，聖武天皇は国分寺建立詔をくだした。この時，国分寺の塔に金字の『金光明最勝王経』を安置することを定めた。四天王による国家鎮護の教説を含む。(奈良国立博物館所蔵)

(僧寺)と豊浦寺(尼寺)の関係を強調する目的で書かれたものであるとすれば、こういった表記も首肯できるかも知れないが、ここに見られる、尼寺・僧寺の位置関係を「鐘の音が聞こえ、半月ごとに午前中に行き来できるところ」とする条件は、『続日本紀』天平十三年(七四一)三月乙巳条の、いわゆる国分《こくぶん》寺建立詔《じこんりゅうのみことのり》に見られる「(国分寺・国分尼寺の)僧尼は、……月の半ばに至り、戒羯磨《かいこんま》を誦せよ」という規定を彷彿させるものがある。実際、この後善信尼らは戊申年(五八五)に百済にわたり、二年後に帰国し桜井寺(豊浦寺)に住することになるが、帰国の際に「半月ごとに白羯磨をするため、すぐに法師寺を作ってほしい」と申し出たとされている。これらのことからすれば、そのまま史実と見なすには慎重を期する必要があるとしても、先に触れた光明子の皇后宮の宮寺転用と同様に、時期的な点に鑑み、国分僧寺と国分尼寺の位置関係を反映して、『天平縁起』にこのような表記が盛り込まれたことも、十分にあり得るように思うのである。

3　推古天皇の崇仏と悔過

天皇の誓願　推古天皇が百歳となった時、聖徳太子が奏上し、豊浦寺と飛鳥寺の建立の経緯を回顧したうえで、天皇に「法興皇」の称号を付したと『現縁起』は伝える。このなかで、『法華経』妙音菩薩品の一節を引用し、「王の後宮においては、（菩薩は）女性に身を変じて法を説く」と述べ、大々王の後宮を菩薩の説法の場として位置づけていることは、大々王自身の宗教的権威と密接に結びつくものであり、きわめて興味深い表記といわねばならない。「法興皇」という称号と合わせ、『現縁起』では、推古天皇こそが聖徳太子をして仏法を興隆せしめた最大の功績者と讃えており、これは『日本書紀』に見える同天皇による甲寅年（五九四）の三宝興隆《さんぼうこうりゅう》詔とも即応したものと受け取ることができよう。

　この聖徳太子による奏上に答えて、推古天皇は、「私の親族の者は、愚かな者の意見に従い仏教を排しようとしたが、私は等由良の後宮を尼寺として種々のものを施し、また僧寺を建立して、二体の丈六仏像を造った。この功徳《くどく》をもって、私の親族の者が犯した罪を滅ぼしたいと願っている。ここで、弥勒仏《みろくぶつ》を信仰して仏道を修めるとともに、諸仏・四天王に対し、この尼寺と僧寺および二体の丈六仏像を決して破却せず、また施したものを決して取り滅ぼさないことを誓願する。もし私自身もしくは私の子孫やそれ以外の人が二体の丈六仏像に納めたものを略取することがあれば、種々の大きな災いを受けることになろう。もしこれを崇敬し供養を怠らなければ、命を長らえ、種々の福を得ることであろう」と誓願した。この時、大地が揺れ動き、雷が鳴り、大雨が降って国内を浄《きよ》めた。そこで、聖徳太子が諸階層にこの天皇の誓願に従うべきことを命じると、かつて排仏を主張した中臣氏や物部氏をはじめ、諸臣が、以後決して仏教の排斥を行わないこと、今後は、仏と在来の神をともに尊重供養すること、もしこの誓願を破れば、天皇が述べたように災いを蒙るべきこと、またこの誓願によって招福を期待することを宣誓した。太子がこれを天皇に報告すると、天皇は喜び、改めて聖徳太子に、仏法伝来ならびに尼寺と僧寺の建立の経緯、および天皇自身の発願を詳しく記録することを命じ、さらに寺院の柱の立っているところ、二体の丈六仏像を造ったところは穢《けが》れのないよう、また将来人が住んで汚すことのないように命じ、もしこの訓戒を破れば、先の誓願と同様に災いを受けるであろうと告げたという。

ここに見える天皇の誓願では、親族が愚かな者、すなわち物部氏や中臣氏等排仏派の意見に従ったことを反省し、自身の後宮を尼寺とし、さらに僧寺を建立した功徳によって、その親族の犯した罪が滅ぼされんことを願っている。このように、過去の罪を仏菩薩等に告白して悔い改め、これを滅して新たに功徳を得ようとする行為は、悔過《けか》に他ならない。

悔過が初めて『日本書紀』に見られるのは、皇極天皇元年（六四二）七月戊寅条で、時の大臣蘇我蝦夷《えみし》が、雨を祈るために寺々で大乗経典を転読《てんどく》し、合わせて悔過を行うように命じたとされるものである。本条の前後の祈雨関係記事は、蘇我氏が崇拝する仏教に対し、天皇の行った神祇の祭祀の方がより大きな効果を生んだという点を強調することで、蘇我氏＝仏教と天皇＝神祇という対照的な構図を前提として、蘇我氏の仏教に勝るものとして天皇の神祇における宗教的権能を賛美することを目的に記された可能性もあり、史実と即断することは憚られるが、天武天皇の朱鳥元年（六八六）六月にも、天皇の病に際して悔過を行ったことが見えており、すでに七世紀の段階で悔過の儀式が日本に存在したことが認められる。『現縁起』の記事で、推古天皇の誓願に際し、大雨が降って国内を浄めたとされるように、悔過が比較的早い段階に行われるようになったのは、穢れを払う行為、つまり、在来の神祇における祓《はらえ》や禊《みそぎ》と同様の意義を有する行為であったことから、違和感なく受け入れられたためと考えられている。中国に伝来した際にそうであったように、仏教が最初にその社会に受け入れられるには、在来の信仰と共通する要素を媒介とすることが多かった。日本においても、灌仏会とならび最初に勤修された仏事が盂蘭盆会であったことは、在来の神祇祭祀における祖先崇拝、祖先神信仰と共通の機能を有するものとして、当初仏教が受け止められたことを示唆するものと考えられる。

この悔過についても、すでに広く行われていた祓の「仏教版」として理解されたことから、早い段階で見られたと受け止めることができよう。

天平期の仏教興隆策と『元興寺縁起』　しかし一方で、将来の戒めとして、寺院等に危害を与えるような行為を犯した際の処罰を謳った文言から想起されるのは、やはり、天平十三年（七四一）の国分寺建立詔であろう。

『類聚三代格《るいじゅうさんだいきゃく》』に収められた、聖武天皇の勅に付随した願文には、国分二寺建立を通じて期待される功徳を挙げた後、もし邪悪な君主や臣下のものがこの願を犯し破るようなことがあれば、その人と子孫は必ず災禍《さいか》に遭い、永久に仏法のないところに生まれることになるようにと謳っている。

そもそも、「法華滅罪之寺《ほっけめつざいのてら》」という国分尼寺の正式の名称自体が、「生死の罪を滅ぼし、仏の知見に入らん」ため、つまり、生死の繰り返し（輪廻転生《りんねてんしょう》）を迷界にいるがゆえの「罪」と観念し、これを滅することではじめて、正しい悟りを得ることができるという、まさに「悔過」に通じる意義を有するものであるが、『現縁起』の推古天皇の誓願の中にも、親族の罪を除き滅ぼすために、弥勒菩薩に向かい、正しい法を聴聞し、無生忍《むしょうにん》（生死《しょうじ》を離れて涅槃《ねはん》の理に安住すること）を悟り、速やかに正覚《しょうかく》（仏の正しい悟り）を得るという、「法華滅罪」の「滅罪」と同義の内容が含まれているのである。聖徳太子が推古天皇に対して『法華経』を講説《こうせつ》したとされるのが、『法隆寺縁起』では戊午年（五九八）、『日本書紀』では丙寅年（六〇六）のことであり、また『聖徳太子伝暦』では、甲戌年（六一四）に『法華経義疏』を製し、翌年に完成したと見える。いずれにせよ、『現縁起』の伝える癸酉年（六一三）

は、まさに太子により法華経信仰が宣揚されていた時期ということになり、先に触れたように、太子の推古天皇に対する奏上に『法華経』の一節が二ヵ所も引用されていることからしても、『現縁起』の記事と「法華滅罪之寺」との浅からぬ関係がそこに見て取られるような感を禁じ得ないのである。

国分僧寺の「金光明四天王護国之寺」という、いわば積極的な四天王の功徳を期待する存在とセットの関係で、国分尼寺の性格が規定され、のちに宮中等で修される仏事が、「昼の御読経・夜の悔過」、すなわち昼間の読経法会と、夜間の悔過がセットになって行われることが一般的になるように、悔過は功徳の獲得にきわめて重要な意義を有したのであり、その意味において、『現縁起』に見られる推古天皇の誓願の内容は、天平期の観念を反映して作成された可能性が十分に想定されよう。

『現縁起』では、弥勒菩薩に向かって誓願したとされるが、天平年間には、玄昉《げんぼう》の将来した経典に基づき、密教的な観音信仰が盛んとなる。今日なお受け継がれている、「お水取《みずと》り」として有名な東大寺二月堂の修二会《しゅにえ》も、十一面観音を本尊とする悔過で、光明皇后の発願でこの時期に始修されたという。また、天平勝宝元年（七四九）には、元日より七日間、天下の諸寺で、金光明経の転読とともに悔過を行うことが命じられるが、この悔過は、同年に聖武天皇の譲位を受けて即位する孝謙天皇の存在とも密接に関わる、吉祥天悔過であった可能性が高い。さらに、僧尼が夏の雨期に特定の処に集まって修学する安居《あんご》についても、平安初期には功徳安居と官安居の二種があり、前者は聖徳太子の本願、後者は聖武天皇の本願によるものと観念されていた。「得業《とくごう》」という資格を得る過程として、その講師《こうじ》を務めることが僧尼にとって大きな意味を有したが、ここにもまた、聖徳太子と聖武天皇、すなわち天平期の仏教興隆との密接な関係を見て取ることができよう。

4 『元興寺縁起』の性格

天平期の王権　以上に見てきた諸点を合わせて考えれば、『現縁起』が、たとえそのまま天平年間に成立したものと受け止めることができず、最終的には時期が下って成立したものであったとしても、基本的には、『天平縁起』を踏まえて著されたものである可能性は、きわめて高いように思われる。元興寺の前身たる「建通寺」すなわち飛鳥寺（法興寺）は、実質的には蘇我馬子の発願による建立でありながら、推古天皇の意向を受けて建立されたとする『日本書紀』の内容を踏襲しながらも、とくにその推古天皇がいまだ皇女であった時代、同腹の兄である池辺皇子すなわち用明天皇とともに、外祖父蘇我稲目の意志を受け継いで仏教の受容に協力し、自らの後宮を百済から贈られた太子像と灌仏の器の安置場所として提供し、のちには尼寺（豊浦寺）を建立し、これに即して僧寺（飛鳥寺）を建立したとする。『現縁起』のこの部分は、即位前の大々王（額田部皇女）の崇仏について全く触れない『日本書紀』とは対照的と言え、その点にこそ、『日本書紀』よりも古い段階に成立した「豊浦寺古縁起」なるものに基づいて著述されたと考えられた最大の理由が存するように思われる。しかし、もし『現縁起』が、奥書通り天平十九年二月に撰進された『天平縁起』を踏まえたものであるとすれば、

『日本書紀』以前の史料に基づかずとも、日本で最初の仏殿が大々王の後宮を転じたものであり、それがやがて道場・尼寺と発展し、さらに僧寺を併置するという経過を辿る必然性は、十分に存在したと言わねばならない。

天平期の王権の課題、その第一は、相次ぐ災厄を克服し、体制の維持を図ると同時に、とりわけその宗教的権能の面で危機感が高まっていた聖武天皇の立場を回復することにあったが、合わせて、臣下の出身で初の皇后となった光明子の権威、さらには、これまた女性で初の皇太子とされた阿倍《あべ》内親王の権威を構築することも、重要な課題とされた。天平十年代に打ち出された大規模な仏教興隆策は、まさにこのような課題に即したものであり、とりわけ国分寺・国分尼寺の創建については、天皇の権威を象徴する僧寺とともに、光明皇后や阿倍内親王と密接に関わる形で尼寺を建立し、さらにその思想基盤を、この時期新たに注目を浴びるようになった『法華経』に求める必要が存したのである。信仰や習俗といった観念に関わる部分で先例が重んじられた当時においては、最初の女帝である推古天皇の時代に推進された仏教興隆策こそが、きわめて重要な先例として顕彰され、その女帝自身と、『日本書紀』に仏教興隆の直接の担い手であり最大の功労者であったが如くに描かれた聖徳太子の事績を改めて強調することで、時の王権、就中《なかんずく》、一連の仏教興隆政策の実質的な発案者である光明皇后は、その正当なることを保証させようと目論んだと考えられよう。

このような光明皇后の意向を受けて、諸政策の推進に尽力したのが、元興寺僧行信《ぎょうしん》であった。行信は聖徳太子の斑鳩宮跡に法隆寺東院を建立し、太子の遺品を蒐集してここに収納した。行信がいかなる経緯で聖徳太子の顕彰に尽力するようになったのか定かでないが、やがて僧綱《そうごう》として政務に携わり、玄昉失脚後はこれに専当するようになり、諸官寺に縁起資財帳の撰進を命じた。如上のような王権の意向を踏まえ、行信自身の所属する寺院である元興寺の縁起が著述されたとすれば、当時の状況に即した形で建立の経緯等が語られるのは当然と言うことができよう。

①皇女の後宮が最初の仏殿となり、またその後宮は菩薩が女身に転じて法を説く場所とされた、②このような所説を有する『法華経』を、従来から重視されていた『金光明《こんこうみょう》（最勝王《さいしょうおう》）経《きょう》』と比して遜色ないものと位置づけ、年分度者の暗誦すべき経典とし、またその思想に依拠した国分尼寺を創建するなど、同経に対する信仰を宣揚し、光明皇后の後宮を転じた尼寺自体を法華寺とした、③斑鳩宮跡に仏殿を建立し、また太子の命日にちなんで『法華経』講説の法会を催すなど、推古天皇に対して『法華経』を講説し、またその注釈書を著したとされ、法華経信仰の先駆者ともいうべき聖徳太子に対する信仰を合わせて宣揚し、本縁起自体も太子の著作にかかるものと位置づけた、④縁起中の推古天皇や聖徳太子の言葉には、『法華経』の教説が反映されるとともに、当時重視された悔過の意義が強調され、あたかも建立の進められる国分尼寺に即応するが如き内容を有した、といった点に鑑みれば、『現縁起』を構成する基本部分を、『天平縁起』に基づくものと見なして支障のない理由が、そこに見出されるのではないだろうか。

『元興寺縁起』撰進の意味　かつて筆者は、『現縁起』の中で最も有名な部分というべき、仏教公伝年次を欽明天皇戊午年（五三八）とする所説に関して、これが『日本書紀』以前に成立した史料に基づくものであり、『日本書紀』の壬申年（五五二）公伝説よりもより信憑性の高い伝であるという従来の見解に疑念を抱き、『天平縁起』撰進の段階において、仏教公伝年次を戊午年と措定する必然性が存したことを推論した（「『元興寺縁起』の再検討――仏教公伝戊午年説をめぐって――」、上横手雅敬編『中世の寺社と信仰』所収、吉川弘文館、二〇〇一年）。それは、聖武天皇の後継が目論まれながら、一方で官人の間にこれを正当としない向きも存した皇太子阿倍内親王の生年が養老二年戊午（七一八）であり、偶然にもこれは元興寺が平城京に創建された年でもあったことから、戊午年公伝を策定することで、阿倍内親王の宗教的権威を高め、さらには元興寺の地位をも向上させようとするものであったのではないかという、一つの可能性を提示したものである。確かにこの時期、元興寺の相対的な地位の向上を現すものと受け取られる事実も存在し、また阿倍内親王についても、先に触れたように、その即位に合わせて女形の吉祥天《きっしょうてん》を本尊とする悔過が行われ、また彼女自身父帝と同様に出家して尼となり、さらにはその尼の身分のまま皇位に返り咲くという経歴を辿ることからすれば、如上の推論も蓋然性の高いものであるように思うが、遺憾ながら史料的な制約もあり、確言は憚られることを認めねばならない。

元興寺の側からすれば、豊浦寺を第一義に扱ったように受け取られる『現縁起』も、最初の仏殿の流れを汲む尼寺とセットになる形で建立された最初の僧寺と位置づけられることで、十分その伝統を保証させることになり、同時に、当時の王権の要望に添った要素を含み込むことで、その庇護を期待したものと考えられよう。

いずれにせよ、この時期の聖徳太子に対する顕彰の動きや、『法華経』重視の姿勢が、やがて太子信仰や法華信仰と称されるような、日本仏教史上における祖師信仰・経典信仰の一大潮流を生み出し、聖徳太子は宗派を問わず日本仏教の礎を築いた第一の功労者として崇められ、『法華経』もまた、日本仏教で最も多くの信仰を集める経典となった。その意味で、『天平縁起』の撰進された時代は、将来の日本仏教の方向を規定することになる、きわめて重要な意義を有した時代であったと言わねばなるまい。そして、『現縁起』には何よりも、その要素が遺憾なく盛り込まれていると評価することができるのである。

五　上宮王家の家産

鷺森浩幸

1　法隆寺の所領と上宮王家

法隆寺資財帳　天平十九年（七四七）二月十一日の日付を持つ法隆寺伽藍縁起并流記資財帳《がらんえんぎならびにるきしざいちょう》（『大日本古文書』編年之部、二巻五七九ページ）は、法隆寺の創建からの歴史および、同年の段階での財産を書き上げた史料で、法隆寺の研究ではもっとも基本的な史料のひとつである。このとき、大寺院を対象に一斉に資財帳が作成されたらしいが、現存するのは法隆寺のほかは、大安寺《だいあんじ》・元興寺《がんごうじ》（縁起の部分のみ）のそれのみである。法隆寺資財帳には、一時、偽作説も存在したが、石上英一氏の研究（「『法隆寺伽藍縁起幷流記資財帳』諸写本の伝来」「『法隆寺伽藍縁起幷流記資財帳』の伝来」、いずれも『古代荘園史料の基礎的研究』所収、塙書房、一九九七年）によって、信頼できる史料であることが明らかになった。

資財の項には所領の記載もある。所領は水田・薗地《えんち》・山林岳嶋・海・池・荘の項目に区別して、所

表1　資財帳にみえる法隆寺の所領

所在国郡	水田	薗地	山林岳嶋	池	荘
大倭国平群郡	○	○	○	○	○
大倭国添下郡			○		○
大倭国添上郡	○				
河内国志貴郡	○				○
河内国渋川郡	○	○			○
河内国更浦郡	○				○
河内国和泉郡	○	○		○	○
河内国日根郡			○		○
摂津国菟原郡	○			○	
摂津国雄伴郡			○		○
近江国栗太郡	○	○			○
播磨国揖保郡	○	○	○	○	○

荘のみの記載は表3参照。

在地（原則として国郡）とともに記載されている（表1）。それらによって、当該期における法隆寺の所領の全貌を知ることができる。ある特定の時期における寺院の所領が、総体的に判明する貴重な事例である。仁藤敦史氏がそれを総体的に把握し、上宮王家の経済的基盤を明らかにしようとしている（「『斑鳩宮』の経済的基盤」『古代王権と都城』吉川弘文館、一九九八年）。このような研究の視角に学び法隆寺の所領について理解を深めていくことが必要である。

大倭国　大倭《やまと》（大和）国平群《へぐり》郡の所領は水田四六町あまり・薗地一五町・山二ヵ所・池三ヵ所からなる大規模なものである。これらは法隆寺の周辺に展開する所領である。古くから注目されてきた法隆寺周辺の特殊な偏向地割《へんこうじわり》（奈良盆地の一般的な条里制の地割に対して、西に傾く）の地域が水田の所在地と考えられる。山には所在の郷の記載とともに、四至《しいし》の記載があり、所在地を比定することができる。一ヵ所は、具体的な境界はいまひとつ明らかではないが、法隆寺の北方に広がる丘陵に比定でき、もう一ヵ所は、現竜田川《たつたがわ》と大和川の合流する地点である現三室山《みむろやま》周辺に比定できる。三ヵ所の池が水田の灌漑《かんがい》に利用されたことは容易に推定できる。現片野池《かたのいけ》、現斑鳩溜池《いかるがためいけ》のもとになった三井《みい》池《いけ》、現桜池《さくらいけ》が古代にさかのぼる可能性があり、資財帳の池との関連が想定されている。

添下郡《そうのしも》の山林岳嶋一ヵ所は深川栗林と称され、栗林である。同郡菅原郷《すがわら》に存在した。荘はその管理のための施設であろう。菅原郷は現奈良市菅原町付近である。四至の記載があり（東…道、南…百姓家・習宜池、西・北…百姓田）、南の習宜池は、「すげいけ」または「すがいけ」と読み、菅原という地名と関連する。永仁六年（一二九八）の西大寺《さいだいじ》三宝料田園目録（『鎌倉遺文』一九八九三）にも「スケノ池」という地名が見え、現在の西大寺の叡尊《えいぞん》の墓があるあたりの西の谷にあたるという。「習宜池」の所在地はここである。添上郡《そうのかみ》の所領は小規模なものであり、所在地も不明である。

河内国　法隆寺から、大和川沿いに西へ進むと、それほど高低差を気にすることなく河内国《かわちのくに》へ出る。大倭・河内国境のなかでもこの付近がもっとも低い。河内国は多くの法隆寺の所領が存在する所で、水田で比較して大倭国の約三倍である。

河内国志紀《しき》郡の水田は一町しかなく、おそらく、隣接する渋川《しぶかわ》郡の水田四六町あまりと一体であろう。これにはさらに薗地六町・荘が付属する。具体的な所在地を示す情報はなにもないが、後の時代には法隆寺が河内国の弓削《ゆげ》荘という荘園を有したことが確認できる。弓削は志紀郡・若江《わかえ》郡にわたる地域、現八尾《やお》市弓削・東弓削付近である。志紀・渋川郡の所領はこの弓削荘の前身であった可能性が強いと思われる。讃良《さらら》郡の水田四〇町・荘一ヵ所は現大東《だいとう》市太子田に比定できるのではないかと考えている。太子田という地名は聖徳太子あるいは山背大兄王の所領であったとの伝承に由来し、ここには太子堂が存在する。和泉郡の所領は水田四五町あまり・薗地二段・池一ヵ所・荘一ヵ所からなる、やはり大規模な所領である。当時、和泉国は存在せず、和泉国を構成する大鳥・和泉・日根《ひね》郡は河内国に属した。池は軽《かる》郷に存在したことが記載されている。軽（軽部）郷は現泉大津《いずみおお つ》市・忠岡《ただおか》町付近である。日根郡の山は鳥取《とっとり》郷の深日《ふけ》松尾山とよばれ、荘一ヵ所が付属する。鳥取郷は現阪南《はんなん》市鳥取・鳥取中を中心に大阪府の南端にまで達する大きな郷である。深日は現岬町《みさきちょう》深日である。この付近に存在した。

摂津・近江国　摂津国《せっつのくに》菟原《うばら》郡の所領は水田三一町あまりと池一ヵ所からなり、雄伴《おとも》郡の所領は岳（岡）と荘二ヵ所からなる。菟原郡の池は宇治《うじ》郷に存在すると記載され、雄伴郡の岳も宇治郷の宇奈五岳という名称である。両郡の境界付近に宇治と称する地域が広がっていたのである。資財帳の記載は地目別、また国郡別になっているため、別の所領のように思えるが、菟原郡の水田・池と雄伴郡の岳、さらに荘をも加えて、一体のものとして存在していたのである。宇奈五岳には四至（東…弥奈刀《みなと》川、南…加須加多《かすかた》池、西…凡河内《おおしこうち》寺山、北…伊米《いめ》野）が記載され、これが所在地を確定するキーになる。

東の弥奈刀川は港を流れる川である。この港は著名な大輪田泊《おおわだのとまり》のことである。大輪田泊は中央区川崎町の旧湊川（現新開地《しんかいち》）の河口部と考えられる。北の伊米野は現在の夢野《ゆめの》（兵庫区夢野町周辺）、西の凡河内寺山は会下《えげ》山に相当し、南の加須加多池の詳細は不明である。この所領が後の法隆寺の州摩《すま》荘になるものと推定されるが、須磨とは若干距離がある。

近江国栗太《くりた》郡にも水田二一町あまり・薗地四段・荘一ヵ所からなる所領が存在した。薗地と荘は物部《もののべ》郷に存在することが記載されている。物部郷は近江国の物部布津《ふつ》神に比定される勝部《かつべ》神社の存在する、現守山《もりやま》市勝部町付近に比定されている。

播磨国領鵤荘　所領の点では法隆寺と播磨国は特別な関係にあるようにみえる。播磨国には、大倭・河内・摂津・近江国の四国の所領の総体と匹敵するほどの所領が展開している。

第一に揖保《いぼ》郡の水田二一九町あまり・薗地一二町あまり・岳五ヵ所・池一ヵ所・荘一ヵ所である。この所領が後の法隆寺領の有名な荘園である鵤《いかるが》荘（現兵庫県太子町に存在）であることはまちがいない。資財帳の記載のなかで、固有名を持つのは於布弥《おふみ》岳・佐伯《さえき》岳・佐乎加《さをか》岳・小立《おたち》岳・為西伎乃《いさきの》岳の五岳と佐〃山《ささやま》池である。これらの地名と『播磨国風土記』揖保郡枚方《ひらかた》里条、および播磨国鵤荘絵図や現存する地名などを比較することによって、岳と池はすべて正確に鵤荘の周辺に比定することができる（表2）。播磨国鵤荘絵図は中世に制作されたこの荘の絵図で、荘園絵図の傑作として著名である。数々の美術品ほど注目を浴びないが、法隆寺の隠れた名宝である。嘉暦図（嘉暦四年〈一三二九〉の年

表2　播磨国揖保郡の岳・池の比定

資財帳の名称	『播磨国風土記』の名称	鵤荘絵図の名称		比定地
		嘉暦図	至徳図	
於布弥岳	大見山	行道岡	行道岡	檀特山か
佐伯岳	佐比岡	佐□山	□岡山	坊主山
佐乎加岳	佐岡	佐岡（寺）	佐岡（寺）	前山
小立岳	御立阜	なし	大立岡	立岡山
		小立岡	なし	太子山
為西伎乃岳	三前山	なし	馬山	馬山
佐〃山池	佐〃山	楽々山	楽々（寺）	笹山

紀を持つ）と至徳図（至徳三年〈一三八六〉五月の年紀を持つ）の二点がある。

これらの山・池は鵤荘の荘域を取り囲むように存在し、資財帳の段階でもこの範囲が法隆寺の所領であったことが確認できる。水田・薗地は当然その内部に存在したと思われるが、具体的なあり方は不明である。なお、資財帳の段階から鵤荘絵図の時期ごろまでの間、この所領の動向を示す史料は、多くはない。この間、この所領が問題なく維持されたかどうかはよくわからない。

山林・海　印南《いなみ》・餝磨《しかま》郡では法隆寺は一六ヵ所に及ぶ嶋・林と海を所有していた。次のように名称の記載はあるが、個々に四至が記載されているわけではない。それぞれの表記をみてみると、山・前山《さきやま》（利山・佐伎山も「さきやま」であろう）・乎利《をり》・嶋・林の五種類に分類できるように思われる。

山…伊奈豆母《いなつも》山・伊布伎《いふき》山・斯止〃《しとと》山・夜加《やか》山・弥多知《みたち》山・大嶋《おおしま》山・加良止麻利《からとまり》山

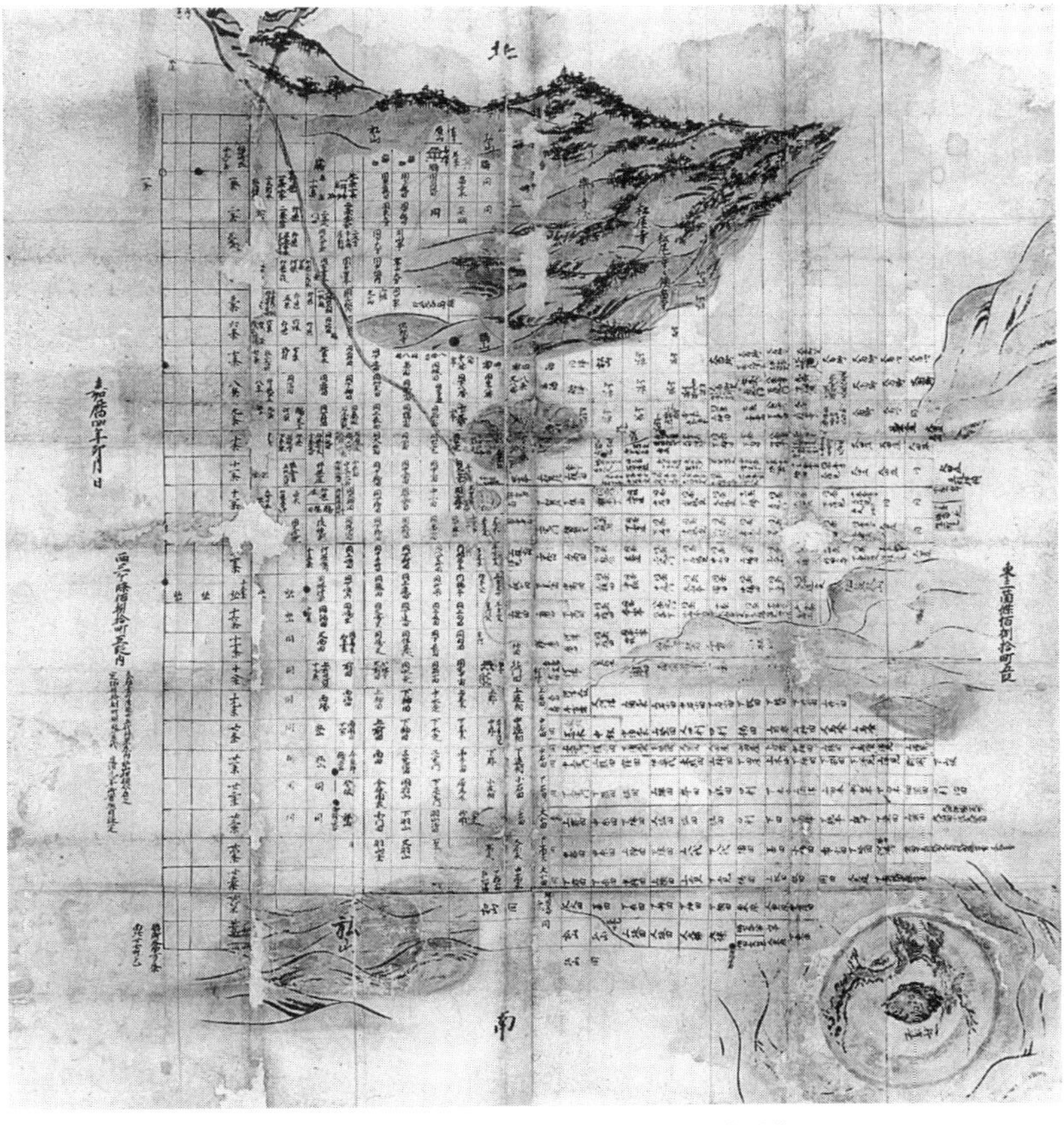

図10　鵤荘絵図（嘉暦4年卯月，法隆寺所蔵）

前山…止奈弥乃利山《となみのりやま》・石井前山《いわいのさきやま》・比利布乃佐伎山《ひりふのさきやま》

乎利…左豆知乃乎利《さつちのをり》・多居知乃乎利《たけちのをり》・弥多知乃乎利《みたちのをり》

島…奈閇嶋《なへしま》

林…加夜波良林《かやはらはやし》

弥多知山と弥多知乃乎利は弥多知の部分を共有するので、山と乎利は地目あるいは地形の差異であることがわかる。「をり」は檻のことではなかろうか。天武四年（六七五）四月十七日に檻穽や機槍を使用して漁猟することを禁じたことがみえ（『日本書紀』同日条）、また、『色葉字類抄《いろはじるいしょう》』では牛馬を籠める施設を梏《をり》としている。獣類を捕獲するしかけや飼育するための施設を檻と呼んでいたことがわかる。それから派生して、檻の存在するような牛馬の飼育の場を檻と呼ぶことがあったのではなかろうか。それが「をり」なのではなかろうか。前山は、その名のとおり平地に張りだした丘陵などのことであろう。

これらのほとんどは所在地を比定することはできないが、現地比定が可能なものもある。左豆知乃《さつちの》乎利は播磨国印南郡の佐突《さつち》郷に存在したであろう。現姫路《ひめじ》市別所町佐土付近である。夜加《やか》山は印南郡益気《やけ》里に存在したであろう。益気里は現加古川《かこがわ》市東神吉付近に比定されており、ここに存在する斗形山は旧名を益気山というという。弥多知《みたち》山・弥多知乃乎利は風土記の飾磨郡英馬野《あがまの》条・大立岡《おおたつおか》条に見える御立《みたち》丘（大立丘）と関係があろう。御立丘は現姫路市御立付近の丘陵に比定されている。加良止《からと》麻利山《まり》は「韓泊」山であろう。いわゆる瀬戸内海の五泊のひとつとされる港で、現姫路市的形付近である。

乎利が牛馬の飼育と関連することは前述したが、それ以外の所領の機能はよくわからない。材木の供給なども想定されるが、法隆寺がこの二郡に海を所有していることにも注目したい。おそらく製塩を行うための海であろう。その燃料を供給するのがこれらの山林ではなかったであろうか。馬が大量の塩を食べることも注意される。

以上のように、播磨国には、二〇〇町以上の水田を持つ揖保郡の所領や飾磨・印南郡の多くの山林・丘陵などが存在したのである。とくに、山林・丘陵の所在地として他を圧倒しているといえよう。

2　所領の由来

物部守屋の旧領　ここまで論じてきた大量の所領は、いかなる経緯で法隆寺のものとなったのであろうか。法隆寺はどのようにしてこれほどの所領を蓄積していったのであろうか。用明二年（五八七）、死去した用明天皇の後継をめぐって動乱が勃発し、穴穂部《あなほべ》皇子と連携した物部守屋《もののべのもりや》は滅亡した。その旧領が法隆寺に施入されたとの見解が提起されている。これは重要な指摘である。近江国栗太郡の所領が物部郷にあり、本来、物部氏の勢力圏であったと考えられることや、河内・摂津国の所領が物部守屋の邸宅の所在地と考えられることが論じられている。

物部守屋は最終的に阿都《あと》の別業、あるいは渋河の家で戦い、敗死したことに示されるように、この付近がその本拠地であった。阿都は国郡郷制下の渋川郡跡部《あとべ》郷であり、現八尾市跡部付近に比定される。ここは渋川郡の東南端の、志紀郡との境界付近である。法隆寺の志紀・渋川郡の所領の比定地ともほぼ合致する。この所領は後に弓削荘と呼ばれるようになるが、弓削に居住した弓削連《ゆげのむらじ》氏は物部氏の同族で、明らかに物部守屋の勢力範囲内であった。志紀・渋川郡の所領は確かに守屋の邸宅とその周辺の所領を前身とする。

さらに、和泉郡の所領も物部氏の旧領の可能性がある。法隆寺の所領の周辺には物部氏とのつながりを示唆する地名が少なからずある。唐国《からくに》（現和泉市）、曽根《そね》・二田《ふつた》（泉大津市）はそれぞれ韓国（物部韓国とも）連氏、曽根連氏、物部二田氏の居住地であろう。いずれも物部氏の同族である。『行基年譜』天平十三年記にみえる物部田池・溝にも注意しなければならない。中世には物部里という地名がみえ、法隆寺の所領の存在した軽部郷の近辺に存在したらしい。物部田池・溝はやはり軽部郷の周辺であったと思われ、この所領と物部氏との関連を示唆しているように思われる。

守屋と捕鳥部万　日根郡の山も物部守屋の旧領であった可能性がある。守屋の滅亡に際して、その資人《しじん》、捕鳥部万《ととりべのよろず》は茅渟県《ちぬのあがた》の有真香《ありまか》村へ向けて逃亡する。そして、山に隠れたところを発見され、自殺する（『日本書紀』崇峻即位前紀）。有真香村は現貝塚《かいづか》市久保《くぼ》付近で、その南に日根郡鳥取郷が存在する。万がこの方面に逃亡したのは、自身が日根郡鳥取郷の出身であったからではなかろうか。つまり、万は自分の出身地鳥取郷をめざして逃亡し、その途中で発見されたのではなかろうか。これに万が守屋の資人であることを加えると、守屋と日根郡鳥取郷のつながりが浮かび上がってくる。法隆寺の所有する松尾山ももとは守屋の旧領であったと考えておきたい。つまり、松尾山の経営などに鳥取郷の捕鳥部氏が従事しており、そこから守屋の宅に出仕したのが万ということになる。

さらに、近江国の所領は栗太郡物部郷に存在することから、物部氏の旧領であることはまちがいない。

『日本書紀』崇峻即位前紀によると、物部守屋の滅亡の後、守屋の奴《やつこ》・宅《いえ》の半分を四天王寺に施入したという。法隆寺のこれらの所領も同様に、守屋の旧領などを施入されたと思われる。しかし、法隆寺の所領はすべてが物部氏の旧領なのではない。本来的に上宮王家が所有していた所領が含まれる。次にそれらを概観してみよう。

上宮王家の所領　まず、第一に挙げなければならないのは法隆寺の周辺の所領である。詳しくは後述するが、現在の法隆寺東院はもともと聖徳太子の居住した斑鳩宮《いかるがのみや》の所在地であり、法隆寺は本来、斑鳩宮に付属する寺院である。天皇家などの宮の周辺に所領が存在するのは一般的なあり方で、法隆寺周辺の所領も、むしろ斑鳩宮に付属する所領というべきものである。そして、これらの所領が、七世紀初頭あたりの上宮王家による斑鳩地域の開発によって、成立したこともまちがいない。

大倭国添下郡の菅原付近には天皇家との関連を示す施設などが存在する。『日本書紀』推古十五年

（六〇七）是歳条には、菅原池などを造築し、国ごとに屯倉《みやけ》を置いたという記事がある。池の造築によって周辺の開発が行われ、屯倉が設置されたのである。ここにみえる菅原池は先に述べた習宜池のことで、栗林も菅原池の造築を契機として開発された可能性がある。習宜池の近くに伝称徳《しょうとく》天皇山荘跡がある。称徳天皇は八世紀の天皇である。山荘跡は叡尊の墓から北北西方約二〇〇㍍の位置にあり、その庭園の痕跡が現在でもため池として存在する。この山荘は居住施設である一方で、周辺の用益地の経営拠点となっていたとも考えられ、周辺所領を有していた可能性がある。七世紀初頭から八世紀後半にかけて、菅原には天皇家の所領が存在したと考えられ、栗林も、本来その一部であったとみられる。

　河内国讃良郡の所領も河内国茨田・讃良郡に展開する天皇家の所領、茨田《まんだ》屯倉と無関係ではないであろう。したがって、これも本来上宮王家の所領であったと理解するのが自然であろう。しかし、茨田屯倉はおそらく五世紀に成立した、天皇家の中核的な屯倉のひとつであり、上宮王家が茨田屯倉に関わる水田を所有するに至った経緯は不明である。

　『続日本紀』天平神護元年（七六五）五月二十日条は、播磨国賀古《かこ》郡の馬養造《うまかいのみやつこ》人上《ひとがみ》の申上により、人上に馬養造の姓にかえて、居地によって印南野臣《いなみののおみ》を賜姓するという内容である。人上の申上によると、彼の先祖は賀古郡印南野に居住し、馬の飼育の技術をもって聖徳太子に仕えて馬司に任じられたという。印南野で聖徳太子の馬が飼育されていたことがわかる。この事実は印南・飾磨郡の山林・丘陵が本来上宮王家の所有下にあったことを推測させる。この二郡の所領は上宮王家と密接に関連しているとみられ、やはり、上宮王家の本来的な所領とすべきであろう。

三経講説と水田　揖保郡の所領について、『日本書紀』推古十四年（六〇六）七月条・是歳条や資財帳にはいわゆる聖徳太子の三経講説《さんぎようこうせつ》に関する著名な伝承がある。聖徳太子が経を講説し、それを喜んだ推古天皇が水田を賜与し、聖徳太子はそれを斑鳩寺（法隆寺）へ施入したとする伝承である。『日本書紀』と資財帳では、基本的な展開は同じものの、内容が異なる部分が多くあり、問題の多い伝承である。しかし、この地は六世紀ごろに東漢《やまとのあや》氏系の渡来人によって開発された屯倉と考えられる。推古が所有する屯倉を聖徳太子に賜与し、聖徳太子がそれをみずからの斑鳩宮の付属寺院である法隆寺に施入したと考えれば、不自然なことはない。この伝承はなんらかの事実を含んでいると考えておきたい。この所領も上宮王家の本来的な所領に分類することが可能であろう。

法隆寺の所領には、起源において、物部守屋の旧領で法隆寺に施入されたものと、本来的な上宮王家の所領であったものの二種類が存在することがわかる。法隆寺が斑鳩宮の付属寺院であることを考慮すれば、前者も上宮王家の家産《かさん》の一部であったとみるべきで、これらは全体として、斑鳩宮を拠点とする上宮王家の家産であったといえる。法隆寺の所領は、七世紀の王族の家産のあり方を示す、貴重なものなのである。皇極二年（六四三）、山背大兄王が軍勢に襲撃されたとき、深草屯倉へ逃亡するように進言されたこと（『日本書紀』同年十一月一日条）に示されるように、上宮王家の所領は他にも存在し、それらは八世紀では法隆寺の所領とはなっていない。本稿で取りあげた所領は上宮王家の所領のすべてではない。深草屯倉や、山背国葛野郡の広隆寺周辺など、興味深いところである。

3　法隆寺の再建

法隆寺と国家的法会　『日本書紀』天智九年（六七〇）四月三十日条にみえる法隆寺（西院）の火災を事実と理解するかどうかは、いわゆる法隆寺再建・非再建論争の大きな焦点であった。現在では、現法隆寺は火災の後、再建されたものであるとするのが通説である。再建の時期についてもほぼ共通認識が確立している。資財帳によると、癸巳年（持統七年〈六九三〉）十月二十六日に持統天皇によって仁王会《にんのうえ》のために経台・蓋・帳が施入されており、このころにはある程度の伽藍が存在していたと考え、再建の開始を天武期末から持統期初あたりとし、同じく資財帳に和銅四年（七一一）の仏像の制作などが見えることから、この段階まで継続されていたとする。

再建当時の法隆寺と国家について、法隆寺は国家的な寺院であったとする見解とそれを否定する見解がある。持統七年の持統天皇による施入はこの年の十月二十三日の仁王会（『日本書紀』同日条）と関連する。持統八年に、同じく持統天皇から施入された金光明《こんこうみょう》経《きょう》は同年五月十一日の金光明経を諸国に送り置くという措置（『日本書紀』同日条）と関連する。

これらの施入は比較的広範囲かつ多数の寺院で行われた法会に関連する。つまり、法隆寺もその一環として法会を行い、物資の施入を受けたのである。法隆寺が国家とまったく関連を持たない寺院であるとはいえないが、国家的な大寺院ということでもない。天武十四年（六八五）九月二十四日に、天武天皇の病気のため、大官大寺《だいかんだいじ》・川原寺《かわらでら》・飛鳥寺《あすかでら》で誦経《じゅきょう》を行った（『日本書紀』同日条）ことや、その死後、大官大寺・飛鳥寺・川原寺・小墾田《おはりだ》寺・豊浦《とよら》寺・坂田寺《さかたでら》で無遮大会《むしゃだいえ》を行ったことに象徴的なように、当時の国家的な大寺院は、大官大寺・飛鳥寺・川原寺がその頂点にあった。法隆寺は格式では明らかにそれら以下であった。

命過幡の銘文　一方、法隆寺には七世紀後半から八世紀の初頭までの、銘文を持つ命過幡《めいかばん》がまとまって存在する。命過幡とは臨終のときに行う命過幡灯明のための幡である。それらには山部連《やまべのむらじ》氏・飽波《あくなみ》氏・大窪史《おおくぼのふひと》氏といった、法隆寺の近傍の中小豪族の名前がみえる。山部氏は法隆寺の存在する大倭国平群郡夜麻《やま》郷、飽波氏は同郡飽波郷に居住した氏族である。七世紀後半、つまり法隆寺の再建のころに、法隆寺が周辺の中小豪族の信仰を集め、彼らによって支えられているのは事実である。

この時期、法隆寺には、多数の寺院のひとつとして国家の関与する法会を執行することはあっても、それ以上の国家との特別な関連は見いだせない。したがって、聖徳太子の時代と比較して、地位の低落は明らかである。そして、周辺の中小豪族の信仰を集め、彼らが法隆寺を支える大きな力となっていたことが考えられる。法隆寺は国家との関連、周辺の豪族による信仰という二面性を持っていたのである。

阿弥陀三尊像　現在、法隆寺には県犬養《あがたいぬかいのたちばなの》橘三千代《みちよ》の念持仏という伝承を持つ、金銅の阿弥陀三尊像とそれを納める厨子が存在する（国宝）。蓮池から生えた三本の蓮華の上に、阿弥陀如来と脇侍の観音菩薩、勢至菩薩がのるというユニークな三尊像で、背後には三つ折りの後屏が立てられている。蓮池の部分には波や蓮華が浮彫で描かれているが、デザインとして非常に優れたものである。作風・様式などから七世紀末から八世紀初頭の制作と考えられている。厨子は木製で、ほぼ全体に黒漆を塗り、文様が描かれている。扉などには如来、菩薩像などが描かれている。全体として、やや上部が重たくバランスが悪い印象を受けるが、本来は扉がなく、四隅に柱が立っているだけの、吹きはなしの状態であったと考えられている。

この三尊像が三千代の念持仏というのはあくまでも伝承であり、歴史的な事実かどうかは、改めて論証しなければならない。そこで注目されるのが資財帳の記載である。そこには、天平五年（七三三）に「平城宮　皇后」が宝頂《ほうちょう》と褥《じょく》を「阿弥陀仏分」として法隆寺に施入したことが記されている。平城宮皇后は聖武天皇の皇后である光明《こうみょう》皇后である。彼女は藤原不比等《ふひと》と三千代の間の子である。この施入が阿弥陀仏に対するもので、浄土信仰に関連することが重要である。実は、この年正月十一日には三千代が死去しており（『続日本紀』同日条）、これは光明が母三千代の追善《ついぜん》のために施入した可能性が高い。三千代の死去にあたり、その追善が法隆寺と関連して行われたことが事実として確認できる。

図11　阿弥陀三尊像（法隆寺所蔵）

三千代の浄土信仰　三千代の仏教信仰に関して東野治之氏の研究が重要である（「初期の太子信仰と上宮王院」、石田尚豊編『聖徳太子事典』所収、柏書房、一九九七年。「橘夫人厨子と橘三千代の浄土信仰」『MUSEUM』五六五号、二〇〇〇年）。それによると、先の宝頂や褥のほかにも、法隆寺に対する三千代の血縁者の施入は多く、また、西円堂とその本尊薬師如来像は、後世、三千代の病気平癒を願って造立されたと伝承され、それは事実とみてよいという。三千代の浄土信仰についても、石山寺所蔵の『如《にょ》意輪陀羅尼経《いりんだらにきょう》』をもとに興味深い事実が提示される。この経は天平十二年の年紀を含む跋語を持ち、それによると、三千代の邸宅内の観无量寿堂《かんむりょうじゅ》という仏教施設の、香函《こうばこ》に納められていた経であるという。観无量寿堂は『観无量寿経』に基づき、それは浄土三部経のひとつに数えられる浄土信仰の中心的な経である。これらの点から、三千代は生前に邸宅内に観无量寿堂を営み、阿弥陀浄土への往生を願う生活を送っていたという。

さらに、東野氏は三千代のこのような信仰の由来についても論を展開している。岸俊男氏の見解（「県犬養宿禰三千代をめぐる臆説」『宮都と木簡』吉川弘文館、一九七七年）に従い、三千代は河内国古市《ふるいち》郡の出身であるとし、同国石川郡には聖徳太子墓が存在し、三千代は太子墓を介して聖徳太子への追慕の念を持っていたと推定している。

東野氏の研究によって、三千代が聖徳太子信仰との深いつながりのなかで、浄土信仰を持っていたことは確実となり、また、先の光明皇后の施入の事実とあわせて、阿弥陀三尊像にまつわる伝承も事実を伝えていると理解してよいと思われる。このような三千代と法隆寺とのつながりは八世紀の法隆寺にとってきわめて重要な意味を持つ。上宮王家の滅亡の後、天皇家との確かな関係を失っていた法隆寺が、それを回復する端緒となるからである。法隆寺における三千代の追善を皇后である光明が中心となって行っていることに示されるように、当時の天皇家の、特に女性たちが法隆寺を重視することになる。そして、それが聖徳太子に対する崇拝となり、八世紀の法隆寺の歴史のなかで、もっとも重要な東院《とういん》の創建につながっていくのである。

若井敏明氏は法隆寺東院は聖徳太子の命日に行う法華経講説の儀礼のための、太子追善の寺院であるとし（「法隆寺と古代寺院政策」『続日本紀研究』二八八号、一九九七年）、東野治之氏もそれを継承する。しかし、三千代の追善から直接的に東院の創建を論じるのは無理があり、もうひとつの要因が加わっているように思われる。東院の創建について、改めて検討してゆこう。

4　法隆寺東院

東院縁起　東院の創建についてもっとも基本的な史料は、いわゆる東院縁起・東院資財帳の二点である。東院資財帳（『大日本古文書』編年之部、四巻五一〇ページ）には天平宝字五年（七六一）十月一日の日付がある。東院縁起によると、東院は次のような状況のもとに創建された。

(1)　天平七年（七三五）十二月二十日、春宮坊《とうぐうぼう》（阿倍内親王）が聖徳太子と聖武天皇のために『法華経』を講読した。

(2) 天平八年二月二十二日、行信《ぎょうしん》が皇后宮大進安宿倍真人《あすかべのまひと》らを率いて、道慈《どうじ》などを請して『法華経』を講じた。

(3) 聖徳太子の斑鳩宮の荒廃を悲しんだ行信が阿倍内親王に奏上して、天平十一年四月十日、藤原房前《ふささき》に東院を創立させた。

全体として、阿倍内親王および行信が東院の創建を主導したという論理で一貫しており、この二人が東院の創建の中心であるとされていることは明瞭である。しかし、この縁起は充分な信頼性をもつ史料とはいえず、内容の検討が必要である。

(1)については、阿倍内親王の立太子は天平十年正月であり（『続日本紀』同年月十三日条）、この段階では皇太子ではない。(2)では行信の存在が注目される。行信は八世紀のなかばの法隆寺を代表する僧で、天平十年に律師《りつし》、その後、大僧都《だいそうず》になっている。東院の夢殿に八世紀に造られた肖像（座像）があることでもよく知られている。東院資財帳にも多くの物資を施入した人物として記載されており、行信が東院に深く関係していたことは確実である。皇后宮大進の安宿倍真人も正確な記載である。安宿（倍）真人は、正倉院文書の皇后宮職発給の文書によって、少なくとも天平六年から九年にかけて皇后宮大進であったことが判明する。

(3)については、正倉院文書の天平十一年四月三十日「大般若経奉請状」（『大日本古文書』編年之部、七巻二五四ページ）が注目される。それによると、四月十八日から三十日の間、皇后宮職系統の写経所が行信に『大般若経』を貸し出している。東院を創建したとする天平十一年四月十日の直後である。行信がその『大般若経』をどのように利用したのかは不明であるが、栄原永遠男氏の指摘するように（「福寿寺大般若経について」『日本歴史』四五〇号、一九八五年）、貸し出された経は当時、福寿寺《ふくじゅじ》に備えるために書写されていたものであった。福寿寺は阿倍内親王の立太子にともなって創建され、後に東大寺に展開していく寺院である。この事実は東院縁起で阿倍内親王の存在が強調されていることと、根底において共通する。行信への『大般若経』の貸し出しは東院の創建と関連し、したがって、(3)は東院におけるなんらかの重要なできことを伝えているのではないか、という推測が生まれてくる。東院縁起は、細部はともかく、概括的には、東院の創建の事実を反映していると考えたい。

阿倍の立太子　さて、阿倍内親王が東院の創建に深く関与していたとすると、やはり天平十年の立太子は東院の創建時期ともあいまって重要な意義を持つ。この年の正月十三日、阿倍内親王は立太子した（『続日本紀』同日条）。阿倍は周知のように女性であり、女性の皇太子はほかにまったく例がない。また、即位しても、中継ぎの性格が強い。皇太子阿倍内親王は、政治の動揺とも関連して、貴族層の同意を得ることは容易ではなかった。天平十七年、聖武が不予《ふよ》に陥った際、橘《たちばなの》奈良麻呂《ならまろ》らが、皇嗣が決定されていないとして政治的な画策を行ったのが、それを如実に示している（『続日本紀』天平宝字元年七月四日条）。阿倍内親王の皇太子としての地位はきわめて不安定であり、当時の天皇家にとって、その安定化が大きな課題であった。

阿倍の立太子と仏教　阿倍の地位の安定化策はさまざまに行われたが、仏教と密接に関連するものが多いことが特徴である。これは聖武天皇自身が、天平九年（七三七）の天然痘《てんねんとう》の流行から十二年の藤原広嗣《ひろつぐ》の乱にいたる混乱に対して、仏教の持つ鎮護国家の能力を背景に対峙しようとしたことと、まったく軌を一にする現象である。

まず、先にも言及した福寿寺の造営である。東大寺の成立過程をめぐる研究は、近年、急速に展開している。ここでは詳細は省略するが、福寿寺は千手堂がその中心的な堂ではなかったかと推測している。千手堂はその名のとおり、千手観音を本尊とする堂である。

正倉院文書として現存する皇后宮職の写経所文書のなかにも、阿倍の立太子と関連する事業がみえる。天平十年二月七日、写経所から、『能断《のうだん》般若経』・『千手千眼経』・『不空羂索《ふくうけんざく》経《きょう》』・『請観世音経』・『十一面経』・『観世音経』の写経の物資が申請され（同日写経所解案〈『大日本古文書』編年之部、七巻一二五ページ〉）、その後、写経が行われている。『能断般若経』を除くと、すべて観音菩薩関係の経で、千手観音、不空羂索観音、十一面観音と主要な変化相の観音がそろっている。写経の開始時期が阿倍の立太子の一ヵ月弱あとで、皇后宮職系の写経所で書写された点からも、これが阿倍の立太子と深い連関のものにあることはまちがいないであろう。

九月二十六日藤原豊成《とよなり》書状（年欠、『大日本古文書』編年之部、二五巻二〇六ページ）は須原祥二氏の指

摘するように（「藤原豊成書状をめぐって」『正倉院文書研究』六、一九九九年）、天平十年のものと考えられる。ここには、千手観音像（布製の仏像）・不空羂索観音像の制作、『千手千眼経』・『金光明経』の写経が記されている。阿倍の立太子の直後ではなく、須原氏の指摘するように天然痘の流行の一年後で、その病死者の追善《ついぜん》を目的とする可能性もあるが、藤原豊成（不比等の孫、武智麻呂《むちまろ》の子）や皇后宮職が関与しており、阿倍との関連を想定することも可能である。

観音信仰　これら三事業に共通している特色は観音信仰に基づくということである。観音信仰による事業が、阿倍の地位安定化策における主要な柱のひとつであったことはまちがいない。そこで、注目されるのが法隆寺東院の本尊救世《ぐぜ》観音《かんのん》像である。救世観音像は樟材の一木造《いちぼくづく》りで、七世紀前半の制作とされるものである。長期間、秘仏とされてきたが、明治時代に岡倉天心《おかくらてんしん》とフェノロサによって「発見」されたことによっても有名である。東院資財帳には「上宮王等身観世音菩薩木像」と記載され、八世紀に、すでに聖徳太子にゆかりのある仏像と考えられていたことがわかる。

東院の本尊が観音菩薩像であることはやはり、ほかの諸事業と共通する点がある。したがって、東院の創建を阿倍の立太子と関連し、その地位の安定をはかる仏教的な——観音信仰に基づく——事業のひとつと理解することは自然である。法隆寺は聖徳太子が『法華経』を信仰の中心としたことに由来して、観音信仰の一つの拠点であったと思われる。この時期の観音信仰については速水侑氏の総括的な研究がある（『観音信仰』塙書房、一九七〇年）。それによると、七世紀の観音信仰は死者の追善を

図12　救世観音像（法隆寺所蔵）

主とするものであるが、八世紀に入ると密教的な性格が強くなり、鎮護国家を目的とするものに展開し、その展開に大きな意味を持つのが玄昉《げんぼう》が中国からもたらした経（玄昉将来経）である。千手観音・不空羂索観音・十一面観音といった変化相の観音は、密教的な性格を持つ観音である。

阿倍と聖徳太子　法隆寺、特に東院の地にはまた、阿倍の立太子に関連して当然、着目されるであろう特別な理由が存在した。それは聖徳太子という人格との深い結びつきである。東院縁起にも記されているように、東院は聖徳太子の住居であった斑鳩宮の跡地に建立された。聖徳太子は推古期に「皇太子」として、政治に参加し、死後、仏教的な崇拝の対象になった。政治参加の内実は必ずしも明らかではないが、八世紀において聖徳太子が皇太子、あるいは政治家の理想像と認識されていたことはまちがいない。阿倍はみずからをそのような聖徳太子の姿に投影させ、みずからの正当性を主張しようとしたと思われる。そのために東院が創建されたのであり、東院縁起で阿倍の存在が強調されるのは、まさにそれを主張するものにほかならない。

東院は阿倍の立太子を前提として、その正当性を示す舞台装置として創建され、そこには密教的な観音信仰という玄昉のもたらした最新の潮流がそそぎ込んでいると考えられる。県犬養橘三千代の追善を契機に始まった天皇家の女性たちと法隆寺の関係は、『法華経』講説という形での聖徳太子に対する崇拝へと展開し、さらに阿倍の立太子を正当化するという政治的要請によって東院の創建という新たな展開を見せるようになったのである。

墾田の開発　東院の創建によって法隆寺と天皇家の関係は確固たるものになった。法隆寺は国家的な大寺院の地位を回復したといってよい。

法隆寺資財帳の所領の項には荘が単独で記載される例がある（表3）。組み合う所領が記載されず、荘が単独で存在しているかのようでもある。これらの荘の意義についてはすでに先学の研究があり、土地の用益ではなく、蓄積された稲などの動産の出挙《すいこ》・交易による経営を特質とする、より古いタイ

表3　単独で記載される荘の分布

	所在国	所在郡（カッコ内は所在数）
A	右　京	九条二坊(1)
	河内国	大県郡(1)
	摂津国	西成郡(1)・川辺郡(1)・武庫郡(1)
	播磨国	明石郡(1)・賀古郡(1)
B	讃岐国	大内郡(1)・三木郡(2)・山田郡(1)・阿野郡(2)・鵜足郡(2)・那珂郡(3)・多度郡(1)・三野郡(1)
	伊予国	神野郡(1)・和気郡(2)・風速郡(1)・温泉郡(3)・伊余郡(4)・浮穴郡(1)・骨奈島(1)
不明	備後国	深津郡(1)

プの荘であるとされてきた。これらは地域的にあるいは分布の密度から二つのグループに分類できるように思われる。Aグループは基本的に畿内とその周辺の瀬戸内海沿岸で、一郡に一荘のみ存在する。Bグループは四国の瀬戸内海側で、一郡内に複数の荘が存在する例がめだつ。Aグループはほかの所領の分布地と重なっており、それらをつなぐ機能を有しているように見える。したがって、Aグループの荘はまず、このような交通・物資流通上の機能を第一義的なそれとして重視すべきであると考える。

Bグループの荘はどうであろうか。天平勝宝九年（七五七）正月二十一日の讃岐国鵜足《うたり》郡の法隆寺領の墾田《こんでん》に関連する文書が重要である。この文書は資財帳の同郡の荘と関連する。内容は条里の方格ごとに水田の情報を記したものである。「八歳開」「未開」といった、開発に関する情報が記され、文書の作成時期、つまり、天平勝宝九年ごろに開発が進められている状況を読みとることができる。このグループの荘は墾田の経営拠点として機能しているものが、明らかに存在するのである。そもそも資財帳には墾田が一切、記載されておらず、史料的には見えないが、これらの荘のなかには墾田を伴うものが存在したのである。従来の見解には従えず、これら単独で記載される荘には、讃岐国鵜足郡の事例のように、水田（墾田）を伴うものが相当あり、その成立時期は八世紀のなかばごろに求めるのが穏当と思われる。「1　法隆寺の所領と上宮王家」で論じた所領に対して、古いタイプの所領ではなく、逆に新しいものである。

これらの法隆寺の墾田は墾田永年私財法や勝宝元年の寺院に対する墾田地所有の許可と関連する。墾田永年私財法は天平十五年（七四三）に出された法令で、墾田を永久的に所有することを承認するものである。勝宝元年（七四九）には、寺院に対して墾田を所有することが承認され、それぞれ面積の制限が設定された（『続日本紀』同年七月十三日条）。それによると、東大寺が四〇〇〇町で最大、以下、元興寺二〇〇〇町、大安・薬師・興福・法華寺・国分寺一〇〇〇町、法隆・弘福・四天王・崇福・新薬師・建興・下野薬師寺・筑紫観世音寺五〇〇町、国分尼寺四〇〇町と続く。平城京の大寺院には劣るものの、法隆寺にも五〇〇町の墾田の所有が認められた。法隆寺はこの法令を受けて、讃岐・伊予国で野地の占定を行い、開発を進めていったと考えられる。

称徳の飽波宮行幸　聖武天皇は勝宝元年に譲位し、阿倍内親王が即位した。これが孝謙《こうけん》天皇である。孝謙はいったん譲位するが、天平宝字八年（七六四）、再び天皇となる。称徳《しょうとく》天皇である。称徳はみずから出家の身であり、道鏡《どうきょう》（?—七七二）を重く用いたことで著名であるが、それに象徴されるように、仏教との関連は前後に例のないぐらい密接である。

孝謙（称徳）天皇の仏教信仰をよく表しているのが次の二つの詔である。一つは天平宝字元年（七五七）七月十二日、橘奈良麻呂の乱の際に出されたもので、もう一つは神護景雲三年（七六九）五月二十九日、県犬養姉女《あがたいぬかいのあねめ》らの厭魅《えんみ》事件が発覚したときのものである（いずれも『続日本紀』同日条）。「盧舎那《るしゃな》如来・観世音菩薩・護法の梵王帝釈《ぼんおうたいしゃく》・四大天王の不可思議威神の力」「盧舎那如来・最勝王経・観世音菩薩・護法善神の梵王帝釈・四大天王の不可思議威神の力」によって罪が発覚したと、高らかに仏教の威力を讃えている。つまり、彼女は仏教がその超現実的な力によって反乱などを未然に防止し、国家の安定をもたらすことを期待しているのである。その不可思議な力を発揮するのが列挙された仏や神なのであるが、そのなかに観世音菩薩がみえることが注目される。彼女は立太子の段階で観音信仰に傾倒するようになり、観世音菩薩に対する信頼は天皇になって後も揺るいではいない。

観音信仰の拠点のひとつである法隆寺も、引き続き称徳にとって重要な寺院であったことはいうまでもない。『続日本紀』神護景雲元年（七六七）四月二十六日条には、称徳が飽浪宮《あくなみのみや》に行幸し、法隆寺の奴婢《ぬひ》二七人に爵を授与したという記載がある。飽波宮は法隆寺の近辺に存在する。大倭国平群郡飽波郷という地名と関連するが、正確な所在地は不明である。聖徳太子が死去した場所と伝承される所で、この時期には天皇家の離宮となっていた。この時の行幸の目的が何であったかは不明である。しかし、聖徳太子の存在を意識した行幸であることはまちがいない。称徳天皇にとって政治的あるいは仏教的に、聖徳太子の重要性はきわめて大きい。孝謙（称徳）天皇の時期こそが八世紀のなかで、法隆寺がもっとも強力に天皇家と結びつき、高い地位にあった時期ではなかったかと考える。

東野治之氏の指摘するように、法隆寺東院は、九世紀なかばには荒廃してしまい、道詮《どうせん》（?―八七三）によって再興される。東野は天武系王家の断絶を理由として想定しているが、とくに、称徳天皇とのあまりにも深い関係が問題であろう。光仁・桓武天皇以後の状況のもとで、天皇家は東院、そして、法隆寺と距離を保つようになったのであろう。法隆寺は称徳天皇と運命をともにしたといってよかろう。

なお本稿は、拙稿「法隆寺の所領」「八世紀前半の法隆寺の寺田」（『日本古代の王家・寺院と所領』塙書房、二〇〇二年）をもとに新たに書き下ろしている。詳細はそちらを参照していただきたい。右記の二論文を公表したときには、東野治之氏の県犬養橘三千代の浄土信仰に関する研究を見落とし、また、東院の成立について、あいまいな論にとどまっていた。本稿では、これらの点を修正している。

六　斑鳩の歴史的・地理的特質

——道・宮・地割——

山本　崇

1　斑鳩の古道と諸宮

視角と課題　本稿は、廐戸皇子とその一族が宮を構えた、大和《やまと》国斑鳩《いかるが》地域の歴史的・地理的特質を明らかにすることを課題としている。斑鳩地域の文献史料、考古学的調査の知見、現地表面に残る遺存地割などを検討することから、前述の課題に接近したいと思う。斑鳩は、大和盆地の西北部に位置する狭小な地域で、北を矢田《やた》丘陵に画され、そこから南に向かって続く、緩やかな傾斜地に立地している。その東縁を富雄川《とみおがわ》、西を竜田川《たつたがわ》がそれぞれ南流し、この地域の南を画する大和川へと合流する。大和川は、盆地の河川を集めて西流し、いわゆる亀ノ瀬《かめのせ》の河谷を抜けて河内《かわち》平野へといたる。斑鳩は、盆地北部における、水陸交通の要衝地であった。

これまでの研究では、斑鳩の歴史的・地理的特質は、この地域に顕著に認められる約20°傾いた偏向《へんこう》道路と、これと同方向に傾斜する偏向地割に注目し、その成立を上宮王家による斑鳩地域の開発と関連させて論じられてきた。本稿は、かかる視角を継承しつつ、上宮王家が同地に進出した七世紀初頭ごろから八世紀末にいたるまでのおよそ二〇〇年間を対象に、斑鳩地域の開発の様相を粗描してみたいと思う。偏向道路、斑鳩の諸宮、地割の変遷が主たる検討課題である。なお、上宮王家の家産やゆかりの寺院は、むろん本稿と深い関連を保つものであるが、本書の「五　上宮王家の家産」と「七　斑鳩寺と飛鳥寺院」をご参照いただくこととし、本稿ではそれへの言及は行論に必要な範囲にとどめた。あらかじめ了とされたい。

史料にみる斑鳩偏向道路　斑鳩地域に偏向道路が存在したことは、古くから指摘されている。この道路は、現在も法隆寺付近に顕著な地割痕跡として確認できるが（図13）、おおむね平地部を直線的に西行して、龍田山（三室《みむろ》山）付近から山間部に入り、亀ノ瀬の北岸を経て河内へいたると推測されている。俗にいう「龍田越」である（山本博『龍田越』学生社、一九七一年）。後述するように、この偏向道路は古代に遡るものと解されるのであるが、まずは、関連する史料を提示してその存在を確認しておきたい。

「龍田道」の記載は、『続日本紀』に認められる。宝亀二年（七七一）二月十四日、光仁天皇は難波《なにわの》宮《みや》へ行幸したが、その帰路、龍田道を経て竹原井行宮《たけはらいのあんぐう》にいたった（宝亀二年二月二十一日条）。管見によれば、古代史料にみえる「龍田道」の記載は、この一例のみである。史料の記載によると、「龍田道」は河内から竹原井行宮にいたる道をさしているかにみえ、厳密には大和側の道の呼称は詳《つまび》らかにし得ないが、便宜上龍田道の称を用いることとする。

龍田道と思しき道は、いくつかの史料に散見する。煩瑣を厭わず検討してみよう。年代のほぼ確かなものでは、「壬申紀」の記載がはやい事例である。「壬申紀」によると、「龍田」（道）の他、「大津・丹比《たじひ》道」「上・中・下道」などがみえ、遅くともこのころまでに大和盆地の基幹道路が整備され

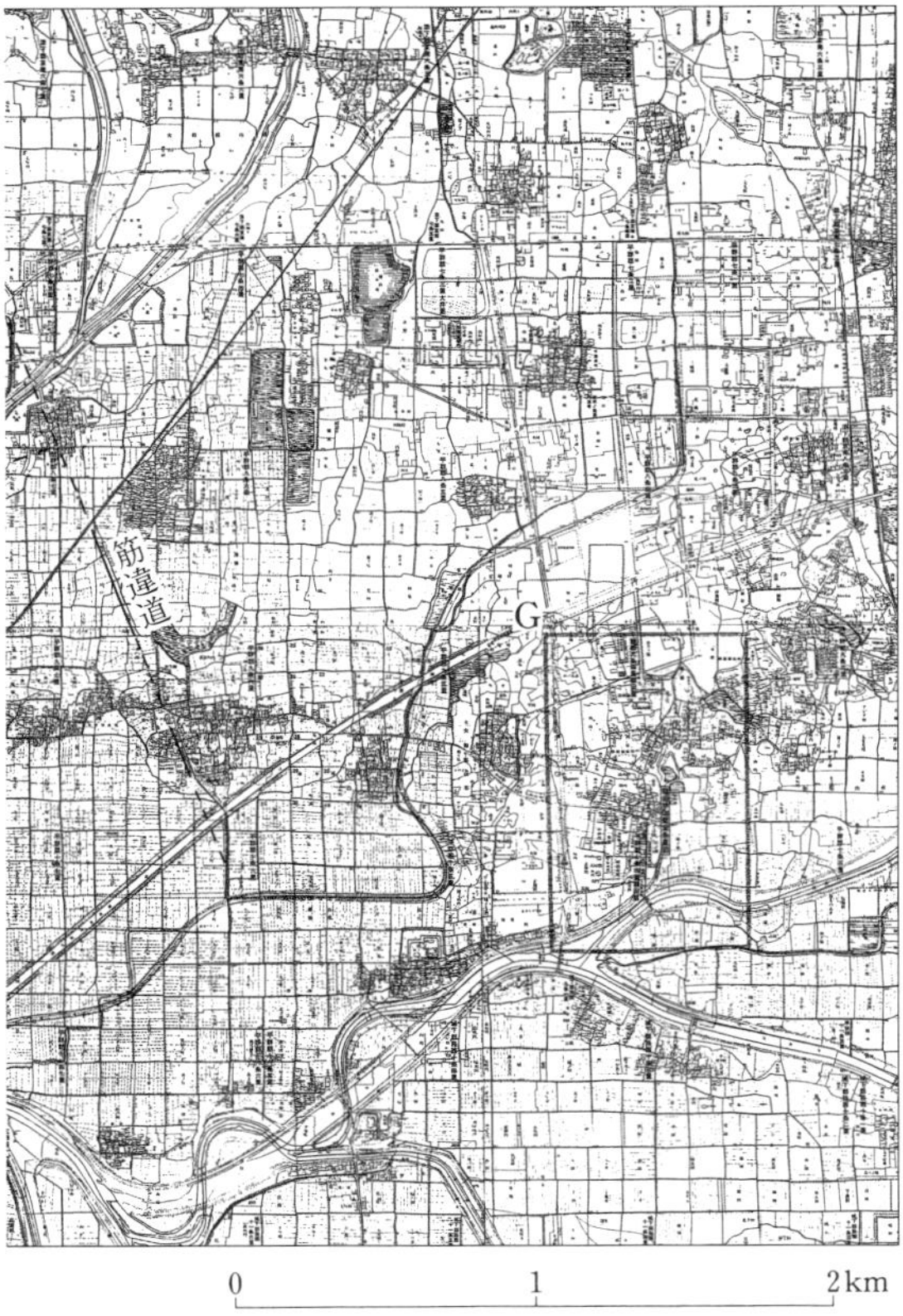

図 13　斑鳩地域の遺存地割（ベースマップ『大和国条里復原図』に加筆）
A 斑鳩宮推定地，B 若草伽藍跡，C 中宮寺跡，D 法起寺，
E 上宮遺跡（飽浪宮推定地），F 稲葉車瀬（因幡宮推定地），
G 額田寺伽藍並条里図の故地，　　　法隆寺寺辺に遺存する偏向地割。

ていたことは確実である。天武八年（六七九）におかれた「龍田山・大坂山」の「関」は、これらの古道にかかわる検察施設と推測される（『日本書紀』天武八年十一月是月条）。これに加え、『日本書紀』には、「龍田」・「龍田山」の記載が二度認められるものの、その示すところは詳らかにし得ない（神武即位前紀戊午四月条、履中即位前紀）。

『万葉集』には、龍田山越を詠む歌が採録されている（土橋寛「記紀・万葉と古道」、上田正昭編『探訪古代の道』〈第一巻　南都をめぐるみち〉所収、法蔵館、一九八八年）。年代の知られるものは、和銅五年（七一二）にかかる一首（巻一―八三番歌）の他、いずれも天平年間（七二九―七四九）以降であることが注意される（巻五―八七七番歌、巻六―九七一番歌、巻十五―三七二二番歌、巻二十―四三九五番歌）。和銅年間（七〇八―七一五）ないし天平年間以降への集中は、平城遷都を契機として、河内・和泉方面への交通ルートが、藤原京《ふじわらきょう》を起点とする大坂越から、龍田越へと変更されたことにかかわるのであろう。一方、「上宮聖徳皇子竹原井に出遊の時、龍田山に死人を見、悲傷して作らす歌」なる題詞は（巻三―四一五番歌題詞）、龍田越の中継地としての竹原井の地が、河内国への交通の中継点として、あるいは河内平野を望む景勝の地としてはやくから注目され、王族「出遊」の地とされていたことが窺われる史料である。ただ一方で、同様のモチーフは片岡説話にも認められるところであり（例えば、『日本書紀』推古二十一年十二月条、『日本霊異記』上巻四縁など）、上述の題詞がいかなる史実を反映しているかについては慎重でなければならない。これまた、竹原井離宮が造営される養老元年（七一七）以後の、奈良時代の認識が窺われる史料と理解すべきかもしれない。

注目すべき史料は、天平十九年（七四七）の「法隆寺伽藍縁起幷流記資財帳」の記載である（『大日本古文書』編年之部、二巻六一七ページ）。この史料には、平群《へぐり》郡坂戸《さかど》郷の法隆寺寺辺所領が記されている。「同（平群）郡坂戸郷岳一地。東を限る平群川、南・西を限る久度川、北を限る志比坂《しひさか》路」。平群川は現在の龍田川、久度川は大和川と推測され、この地は、おおむね龍田川と大和川の合流点、三室山付近に比定される。ここで斑鳩偏向道路の痕跡を地図上で西に延長してみると、坂戸郷岳比定地付近にいたる。北限の「志比坂路」は、偏向道路、龍田道であるとして大過あるまい（鷺森浩幸「法隆寺の所領」『日本古代の王家・寺院と所領』塙書房、二〇〇一年）。

ところで、この道の存在を端的に示す史料が残されている（『日本霊異記』下巻十六縁）。

奈良の宮に大八嶋国御宇めたまひし白壁天皇の世、宝亀元年庚戌の冬、十二月廿三日の夜に夢見し。大和国鵤の聖徳王の宮の前の路より、東を指して行く。其路鏡の如くして、広さ一町許なり。直きこと墨縄の如し。

この史料は仏教説話集の一節であり、道の広さが一町（約一〇九㍍）とされる点など信ずるに足りないとする理解もある。しかし、この史料にいう「聖徳王の宮の前の路」こそが、資財帳の「志比坂路」、『続日本紀』の「龍田道」そのものである蓋然性は高く、宝亀元年（七七〇）の年紀を付したこの史料の意味するところは、後にあらためて言及することにしたい。なお、『日本霊異記』には「平ころであるといえよう。

群駅」の記述もみられることからすれば（中巻七縁）、斑鳩が交通の要衝であったことは疑い得ないと思われる。それでは、この道はいつ設定されたのであろうか。前述の関連史料によると、龍田道をはじめとした大和盆地の古道は、遅くとも天武元年（六七二）までには整備されていたことが窺われるのみである。先行研究を参照しつつ、古道の設置時期はいつか、確認することとしよう。

大和盆地の古道　以上の関連史料から、古代における斑鳩偏向道路、龍田道の実在は、認めてよい

大和盆地の古道は、①自然地形に沿って走る自然道、②自然地形を利用して、まっ直ぐにつけられた斜向道路、③自然地形にかかわりなく、奈良盆地を真東西・真南北に走る直線道の三つの形態に分類されており、その成立はおおむねこの順に従うものとされる（和田萃「史料からみた下ッ道」『探訪古代の道』一、所収）。龍田道は、ここでいう②の形態に相当する道路である。

大和盆地の古道研究において、岸俊男氏の先駆的業績が研究史上貴重である（「大和の古道」『日本古代宮都の研究』岩波書店、一九八八年）。藤原宮・京の調査との関連から古道の設定年代を論じられた岸氏は、「上・中・下道の官道としての整備は、まず七世紀初めの推古朝より遡ることはない」と非常に慎重な態度を示しつつ、飛鳥寺の主要伽藍完成と西門建立の間に成立したという可能性を示唆された。一方、和田萃氏は、斉明・天智朝ごろの国家防備が急務とされた時期に、上・中・下道は盆地を南北に走る直線道路として整備されたと考える方がより説得力をもつとされる（「史料からみた下ッ

道」）。斑鳩周辺の遺跡の考古学的検討を通じて、大和盆地の交通路の復元を試みられた山川均氏は、推古朝ごろに飛鳥を起点とした交通路の整備が、六七〇年ごろに南北三道など直向道路がそれぞれ完成したと指摘されている（「大和における七世紀代の主要交通路に関する考古学的研究」『ヒストリア』一五〇号、一九九六年）。山川氏による新旧二ルートの龍田道を推定する理解は、変更の必然性に乏しく検討を要するものと思われるが、推古朝に筋違道《すじかいみち》（太子道）やそれに直行する龍田道が設定されたとする点は、文献史学の成果などから判断しても蓋然性が高いのではないか。そして、この偏向道路こそが、上宮王家による斑鳩開発の基準であり、斑鳩宮・斑鳩寺（若草伽藍）・岡本宮（法起寺《ほっきじ》）・中宮（寺）・飽浪葦墻宮《あしがきのみや》などの施設が、すべてこの道路を基準として立地することは、遺存地割や考古学的調査の成果により明らかにされている。

以上、古代の史料に散見する斑鳩の偏向道路、すなわち龍田道が、七世紀初頭ごろに設定されたことを、大和盆地の古道設置の全体的な動向の中で確認した。従来、この偏向道路に伴い、偏向地割が設定されたと指摘されている。斑鳩宮の周辺所領にあたるこの地割こそが本稿の主たる検討課題なのであるが、そこに論を進める前に、確認すべき問題が残されている。それは、斑鳩の諸宮についてである。これまでの研究は、七世紀前半の上宮王家について緻密な検討を行う反面、上宮王家滅亡後の宮に関しては、その所領が法隆寺に継承された点を指摘する他は概して論じられなかったように思われる。宮は周辺所領の開発と維持・経営の機能を果たしていた。この点に鑑みるならば、斑鳩地域開発の様相は、やや時代を下らせた奈良時代の斑鳩の諸宮、とりわけその終焉についてある程度の見通しを得たうえで、議論せねばなるまい。

2　奈良時代における斑鳩の諸宮

飽浪宮と飽浪評　『続日本紀』を紐解くと、飽浪宮《あくなみのみや》なる記載が、三度認められる。神護景雲元年(七六七)四月二十六日条、同二十八日条、同三年十月十五日条である。元年の二つの史料は、称徳天皇の行幸にかかる一連の史料であり、このとき、法隆寺奴婢《ぬひ》へ賜爵《ししゃく》が行われていることは飽浪宮の所在地を考えるうえで注目される。飽浪の地は奴婢の居住地でもある(『藤原宮木簡』二―八四九号、『平城宮木簡』一―一七〇号)。「飽浪宮常奴婢」(天平勝宝二年〈七五〇〉二月二十四日官奴司解案『東南院文書』三―六二八号)をはじめとした関連史料は、かつて上宮王家に隷属した奴婢の存在を垣間みる貴重な証言であろう。寺奴婢への賜爵は神護景雲年間(七六七―七七〇)に集中してみられ、孝謙・称徳朝に頻《しき》りに行われる諸寺行幸と強い関係をもつと思われる。なお、翌日にみられる叙位《じょい》・任官《にんかん》は、法隆寺への行幸にかかわるとみるのが穏当であろう(『続日本紀』神護景雲元年四月二十九日条)。これに対して、同三年の記事は、称徳天皇の河内行幸にかかわるもので、このとき、飽浪宮は行幸中継地の機能を果たしている。

飽浪宮の歴史は古く、七世紀初頭まで遡ることができる。「大安寺伽藍縁起幷流記資財帳」によると、推古天皇は病床の厩戸皇子を見舞うため、田村皇子を「飽浪葦墻宮」に遣わしたと記され、厩戸皇子が晩年、飽浪葦墻宮に居住したとの伝承がある（『大日本古文書』編年之部、二巻六二四ページ）。『聖徳太子伝私記』によると、宮は、斑鳩宮の東南八、九町に所在すると伝えられる。古来飽浪宮の故地とされる成福寺《じょうふくじ》に近い斑鳩町上宮《かみや》遺跡で、平城宮同范瓦を伴う大型掘立柱建物の遺構が検出され、この地が奈良時代の飽浪宮である蓋然性が非常に高いとされている（『平成三年度 奈良県内市町村埋蔵文化財発掘調査報告会資料』一九九二年）。七世紀初頭の飽浪葦墻宮との関係は、なお詳らかにし得ないものの、奈良時代の飽浪宮は上宮王家の宮に由来するとみて大過あるまい。

　飽浪宮の性格を考えるうえで、令前に飽浪評が存在した事実は見過ごせない。かつて狩野久氏は、飽浪評は、佐保《さほ》川・富雄川・大和川にはさまれた令制下の飽浪郷・額田《ぬかた》郷の地域をさし、飽浪宮の存在とそれをとりまく自然的、人文的環境の一定の独立性が立評を可能としたと指摘された（「額田部連と飽浪評」『日本古代の国家と都城』東京大学出版会、一九九〇年）。近年、仁藤敦史氏は、評は貢納奉仕関係の一元化・明確化として理解すべきであり、領域的な行政区画としての側面は過大に評価できないとの視角から、飽浪評は後の飽浪郷に限定される小規模な評であったとの理解を示されている（「額田部氏の系譜と職掌」『国立歴史民俗博物館研究報告』八八、古代荘園絵図と在地社会についての史的研究、二〇〇一年。以下、『報告』と略称する）。

　上宮王家の家産は、王家の滅亡後法隆寺へと施入されたと考えられている。本稿もおおむね通説に従うものであるが、斑鳩宮と飽浪宮の関係や、後者に残存する令前の奉仕関係が令制下にいかに継承されたのかなどは、今後検討すべき課題と思われる。

称徳朝の斑鳩の諸宮　飽浪宮が集中してみえる神護景雲年間（七六七—七七〇）には、同じ斑鳩地域において、もう一つの宮が史料に登場する。因幡宮である。因幡宮は史料に乏しく、『続日本紀』天平神護元年（七六七）閏十月三日条の他、確実な史料はみられない。従って、先学の見解も、a説・天理《てんり》市稲葉《いなば》町説（直木孝次郎「国名を持つ大和の地名」『奈良時代史の諸問題』塙書房、一九六八年）、b説・斑鳩町稲葉車瀬《いなばくるませ》説（石上英一「官奴婢について」『史学雑誌』八〇編一〇号、一九七一年）、c説・相楽《そうらく》郡精《せい》華町稲八間《いなやづま》説（勝浦令子「孝謙・称徳天皇による『宝星陀羅尼経』受容の特質」『日本古代の僧尼と社会』吉川弘文館、二〇〇〇年）が並び立ち、一定しない。この宮は、称徳天皇が紀伊行幸の帰途立ち寄ったもので、帰路に河内から龍田越を用いていることからして、a説、c説はやや地理的にそぐわないとの感が否めない。本稿はやはりb説に従うべきと考えるが、してみれば、この宮も上宮王家の斑鳩宮に由来する離宮であると考える余地が残されている。飽浪宮に加え、斑鳩地域においてもう一つの離宮が機能していたことは注意されるべきである。

ところで、天平神護年間（七六五—七六七）から神護景雲年間の史料に、斑鳩地域の諸宮が頻りに登場するのはいかなる理由によるのであろうか。前述の通り、奈良時代後半の両宮はともに行幸中継地としての機能を果たしているが、その一方で、奈良時代前半以来の龍田越ルートによる河内・和泉行幸は、もっぱら河内国竹原井離宮を中継地として用いていたことが知られる。竹原井離宮は河内離宮とも称され（『万葉集』巻二十—四四五七番歌題詞）、養老元年（七一七）から前述した宝亀二年（七七一）にいたる、奈良時代のほぼ全期間にわたり史料上確認される離宮である。その比定地は、柏原《かしわら》市青谷《あおたに》の青谷廃寺とされる（田中久雄「青谷廃寺」『柏原市埋蔵文化財発掘調査概報 一九八四年度』一九八五年。安村俊史「竹原井頓宮と青谷遺跡」『ヒストリア』一四八号、一九九五年）。注目すべき事実は、斑鳩の諸宮が登場する時期には、竹原井離宮は史料に姿をあらわさず、利用された形跡が窺われないことである。つまり、河内・和泉行幸の関連史料を眺めてみると、竹原井離宮の機能は、あたかも斑鳩の諸宮によって代行されているかに思われるのである。

ここで、河内に眼を転じてみると、天平神護年間から神護景雲年間には、由義宮《ゆげのみや》が造営されている。由義宮は西京《さいきょう》と称され、その維持・管理を担うために、河内国は河内職に昇格していた（『続日本紀』神護景雲三年〈七六九〉十月三十日条）。斑鳩の諸宮が史料に登場し、逆に竹原井離宮が史料から退場する時期は、じつはこの時期にほぼ重なるのである。令制下の畿内及びその近国は、国ごとに一つの拠点的離宮を管轄していたようであるが、その原則によりつつ、河内国は、由義宮が造営・維持される間、竹原井離宮の機能を停止せしめていたと推測される。斑鳩の諸宮が、称徳朝にあらためて利用された理由は、山を越えた河内における造宮という、特殊な状況に規定されていたのである。

離宮の退頽　一方、飽浪宮・因幡宮の史料は限られており、その後の動向は詳らかにし得ない。奈良時代の離宮のうち、令前の皇子宮に由来する、春日宮《かすがのみや》・嶋宮《しまのみや》などの離宮が、奈良時代の半ばごろに終焉を迎え、その周辺所領はもっぱら寺領庄園として存続していくことに鑑みれば、斑鳩の諸宮も、おおむね同様の過程をたどったものと推測される。王家の宮から庄園へ。離宮の退顚とでもいうべきこの現象は、離宮の縮小的再編を意味するものであり、その内実は、離宮が果たしてきた機能のうち、宮による周辺所領の開発や王家直轄領の管理機能を解体するものと評価されよう。

しからば、奈良時代の半ばごろに確認される離宮の退顚は、いかなる理由によるものか。推測を交えねばならないが、離宮が退顚した後においても所領経営機能を維持する点に解明の糸口が隠されているように思われる。かかる視角から注目したいのは、奈良時代半ばごろに集中して認められる所領開発ないし所領経営方式の変化であり、それは、第一に官田における国営田《こくえいでん》の成立、第二に勅旨田《ちょくしでん》の設置である。

令制官田（大宝令では屯田）は、令前の畿内のミタ・ミソノの系譜をひくものとされ、畿内各国に都合一〇〇町が設定されていた（田令置官田条）。令規によると、官田は宮内省が直接経営にあたり、同省所管の雑任が「田司（大宝令では屯司）」として派遣され、現地の指揮を担った（田令役丁条）。『延喜式《えんぎしき》』によると、官田は省営田と国営田とから構成されており、官田経営方式がいずれの時期にか変化したことが知られる。これに加えて、「田司（屯司）」派遣というミヤケ以来の伝統的経営方式が、神護景雲二年（七六八）二月の政策により国司長官専当制へと移行することが注目される（『令集解《りょうのしゅうげ》』

田令役丁条所引神護景雲二年二月二十八日太政官符)。

勅旨田の性格は、王家の私的大土地所有とする見解と国家的開発とする見解とに大別され、古くから議論がなされてきたところである(石母田正『古代末期政治史序説』未来社、一九五六年。村井康彦『古代国家解体過程の研究』岩波書店、一九六五年。河内祥輔「勅旨田について」、土田直鎮先生還暦記念会編『奈良平安時代史論集』下、所収、吉川弘文館、一九八四年、など。近年の見解として、吉川真司「院宮王臣家」『平安京』日本の時代史5、所収、吉川弘文館、二〇〇二年を参照)。しかるに、勅旨田開発がおおむね国衙機構に依存して進められたとする点は、先行研究によりほぼ一致して認められている。加えて、天平勝宝八歳(七五六)正月美濃国司移案(『寧楽遺文』中—六六一ページ)や(天平勝宝年間カ)年月日欠近江国司解(『東南院文書』四—一・二号)による限り、八世紀半ばごろにすでにその開発がはじまっていたことは、疑い得ない。以上の変化を概括するならば、八世紀半ば段階においては、国家的な所領開発は、もっぱら国司と国衙機構を通じて実現されていたといえ、宮を介した王家による周辺所領の開発が、もはや歴史的な役割を終え、開発の主体が王家から国家機構へと移行しはじめていることを示していると思われる。皇子宮《みこのみや》に由来する離宮の退顚は、以上の如き動向として理解すべきものなのである。

斑鳩の諸宮がいつ退顚するのかについては、史料に乏しく詳らかにし得ない。皇子宮に由来する離宮が、王家による所領経営機能を喪失していき、それらの多くが天平勝宝末年ごろから退顚することに鑑みれば、同様の過程をたどったとも推測される。称徳朝に特殊な事情から生じた宮の機能を考慮するならば、斑鳩の諸宮は、竹原井離宮が再び機能しはじめる宝亀初年以降、急速にその意義を低下させたことは想像に難くない。近年、青谷廃寺の資材が山崎駅《やまざきのえき》ないし河陽離宮《かやりきゅう》と思しき施設に転用されたことが確認され、竹原井離宮の停廃と移築の様相がきわめて明確に把握されるにいたった（大山崎町教育委員会『大山崎町埋蔵文化財調査報告書第二十集 山城国府跡第四九次調査 7YYM，SNT—5地区発掘調査報告』二〇〇〇年）。この事実に鑑みるならば、難波宮・京と河内・和泉の諸離宮は、山背《やましろ》遷都に伴う一連の政策により停廃にいたることは確実で、離宮退顚の様相が朧気ながら明らかにされてきたといえよう。斑鳩の諸宮が、これらの動向と軌を一にして終焉を迎えたか否かは詳らかにし得ないが、少なくとも、宝亀年間（七七〇—七八〇）からさほど下らぬ奈良時代の末には、宮は所領へと退顚しはじめていたであろうとの推測は、あながち的はずれとはいえまいと思われる。

3　斑鳩偏向地割の再検討

斑鳩偏向地割の研究史　斑鳩地域に特徴的な変更道路と宮の存在形態に関する私見は、先に述べた通りである。ここでは、斑鳩偏向地割の問題へと論を進めたい（図13参照）。

斑鳩における偏向地割の存在は、管見によれば田村吉永氏によってはじめて指摘された（「条里制の起源について」『日本歴史』一六四号、一九六二年）。その後の検討を経て、偏向地割の存在は大方の認めるところとなるが、同地域の地割は、筋違道（太子道）・龍田道に方位を揃え、若草伽藍にかかわるおよそN20°Wのものと、現法隆寺の伽藍とそれに関連するおよそN8.5°Wのものとの二種類に大別され、前者が上宮王家の、後者が七世紀末から八世紀初頭における膳《かしわで》氏の開発による、とする岩本次郎氏の理解が通説的な位置を占めている（「斑鳩地域における地割の再検討」、奈良国立文化財研究所創立三〇周年記念論文集刊行会編『文化財論叢』所収、同朋舎、一九八三年）。

斑鳩偏向地割は、かつて条里制の起源を論じる根拠とされたこともあったが、事実認識という点でやや曖昧さを残し、近年こうした議論は活発ではない（落合重信『条里制』吉川弘文館、一九六七年）。それに対して、研究の主たる関心は、岸俊男氏による代制方格地割論の提唱を受けた（「飛鳥と方格地割」「方格地割の展開」、いずれも『日本古代宮都の研究』）、令前における代制の方格地割の実在を斑鳩において実証せんとする議論と概括できる。井上和人氏による批判があるものの（「条里制地割施工年代考」「条里制総論」、いずれも『古代都城制条里制の実証的研究』学生社、二〇〇四年）、代制地割の実在や、その方式がミヤケの開発に用いられたこと自体を否定することは困難ではないかと思われる。

ところで、少なくとも現地表面の遺存地割による限り、偏向地割の痕跡は、現幸前地区から西里地区付近の範囲に限定されている点は留意すべきである。かかる理解は、田村氏の段階にも確かに存在し、近年では岩本次郎氏が明解に論じられている。加えて、斑鳩偏向地割の施行範囲が、もっぱら法隆寺伽藍縁起幷流記資財帳にみえる寺辺所領との関係で理解されてきた点も重要であろう（仁藤敦史

『斑鳩宮』の経済的基盤」『古代王権と都城』吉川弘文館、一九九八年)。近年鷺森浩幸氏が緻密な現地比定を行われたが、これによると、法隆寺の所領は、水田のみならず多様な用益地を含んでおり、水田は偏向地割の範囲に、薗などの用益地はおおむね龍田道以南に存在したという(「法隆寺の所領」)。微地形レヴェルの地形環境復原は筆者の能力を超えるため、今後の歴史地理学の成果に俟ちたいが、七世紀初頭段階における龍田道以南の大和川右岸地域は、いまだ田地化されない低湿地であったと推測することが可能で、龍田道や、宮や寺の所在する北方の地とは土地条件を異にしていたのであろう。かかる理解は、法隆寺伽藍縁起幷流記資財帳の寺領記載からみても妥当性があると思われる。いずれにせよ、七世紀初頭における田地の範囲――すなわちこれが偏向地割の施行範囲にほぼ一致するのであるが――は、ごく限定されていたとみるのが穏当なのである。

斑鳩偏向条里の痕跡　一方、斑鳩地域の地割を考えるうえで、興味深い事実が指摘されている。吉川真司氏は、斑鳩のすぐ東方に所在する行基寺院菩提院とその寺田の現地比定を試みられ、寺田の変遷を明らかにされるとともに、偏向地割に基づいて設定された寺田が、方位の異なる統一条里地割が施き直されたため、別の坪付で表示されるようになったと推測された(「行基寺院菩提院とその寺田」、薗田香融編『日本古代社会の史的展開』所収、塙書房、一九九九年)。菩提院寺田の現地比定、坪付の変化をめぐる吉川氏の議論は鉄案《てつあん》とすべきで、統一条里の施行を鎌倉時代中期以降とされる点も、考古学の成果とはさほど矛盾しないと思われる。

しかしながら、吉川説にも疑問は残る。代制の方格《ほうかく》地割に由来する偏向地割は、条里地割とは区別すべきであり、吉川氏が七世紀の偏向地割を安易に拡大した点には従いがたい。菩提院寺田をめぐる吉川説の当否は、実は偏向条里の実在が認められるか否かにかかっているからである。ただ、ここで留意しておきたいのは、吉川氏が斑鳩地域に広範な偏向条里が存在した可能性を示唆された点である。あらためて確認するならば、図13にみられる如く、現地表面の遺存地割による限り、斑鳩地域に偏向条里の痕跡は認められない。ただ、すでに述べてきた如く、我々が確認できる現地表面の地割は、古代のそれではなく、十二世紀ごろと推測される正南北統一条里の痕跡、あるいはそれ以降の改変の様を示すに過ぎないのである。古代の地割は埋没地割の検討なくして明らかにすることは望めず、今後の考古学的調査の進展を切望する次第である。しかしながら、吉川氏の議論により、斑鳩地域に偏向条里の存在が示唆される現段階において、可能な限りその存否を検証してみることも、この地の開発の様相を考えるうえで、あながち無駄な作業とは言いがたいと思われる。

そこで次節では、斑鳩偏向条里の存否を検証し、大方の批判を請いたいと思う。立論の多くを推測に頼らざるを得ず、議論の錯綜は覚悟のうえなので、本稿が述べようとするところをあらかじめ示しておくと以下の通りになる。七世紀初頭、法隆寺周辺に偏向地割が設定されて以後、八世紀後半のある段階までに、以前の地割を利用した偏向条里が斑鳩地域の比較的広範囲において施行されていたのではないか。それらは、十二世紀ごろと推測される大和国正南北統一条里の施行に伴い地表面から姿を消した。現地表面に確認される地割は、十二世紀以降に施行されたものである。以上が本稿の描く、斑鳩地域の地割変遷の過程である。

4　斑鳩偏向条里の存否——その施行時期をめぐる憶説——

額田寺伽藍並条里図　額安寺《かくあんじ》は、現在の奈良県大和郡山市額田部寺町《ぬかたべてらまち》に静かな佇まいを残す古寺である。この寺は、古代の額田寺の後身とされる。その起源は古く、「大安寺伽藍縁起幷流記資財帳」によると、廐戸皇子の熊凝精舎《くまごりしょうじゃ》の後身とも伝えられる。額田寺伽藍並条里図（図14。以下、額田寺図と略称する）は、奈良時代における額田寺の伽藍と寺辺所領を麻布に描いた図であり、長らく額安寺に伝えられ、現在は国の所有となっている。その研究成果の蓄積は著しく、とりわけ多方面の研究分野による共同研究の成果が、近年大部の報告書としてまとめられている（『報告』）。額田部地域は、富雄川をはさんで斑鳩の対岸に位置し、距離にしてわずか数キロの至近にある隣接地である（図13参照）。してみれば、この地域の古代景観を描いた額田寺図は、斑鳩地域の歴史的景観を考えるうえでも貴重な手がかりとなろう。先行研究の明らかにした点は多岐にわたるが、ここでは本稿の関心に即して、注目すべき点にのみ言及する。

額田寺図の作成時期は、天平勝宝八歳（七五六）六月を上限として天平宝字年間（七五七—七六五）をさほど下らぬ時期とする山口英男説が標準的な理解といえる（「額田寺伽藍並条里図」、金田章裕ほか編

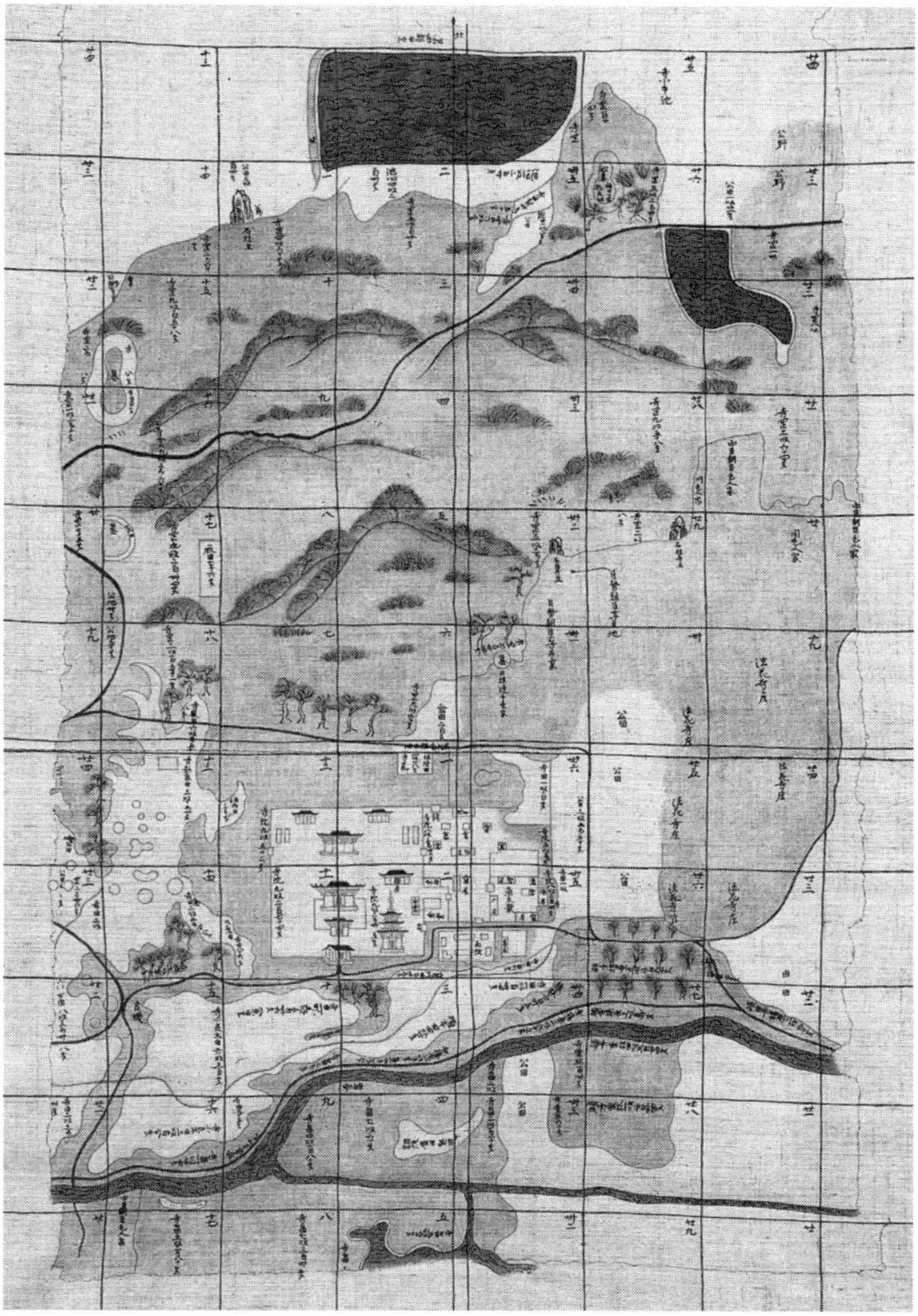

偏向道路

図 14　額田寺伽藍並条里図復原複製

原本は麻布に彩色が施されているが，傷みと退色が進行しているため判読しづらい。科学的分析や現地調査にもとづく復原により，作成当初の鮮やかな姿が蘇った。本図には，北東から南西へ朱を用いて描かれる偏向道路が認められる。(国立歴史民俗博物館所蔵)

『日本古代荘園図』所収、東京大学出版会、一九九六年）。近年、仁藤敦史氏が天平宝字二年（七五八）の額田部宿禰三当《みまさ》らの改姓、同五年の法華寺への京南田の施入、神護景雲元年（七六七）の称徳天皇飽浪宮行幸時の可能性をあげ、いずれも造籍年や班田年にあたることを指摘された（「額田部氏の系譜と職掌」）。また金田章裕氏は、それ以前の状況を統一的プランに編成する過程を反映しているとする立場から、宝亀三年（七七二）の校田過程における寺領確定図との理解を示されている（「大和国額田寺伽藍並条里図」『古代荘園図と景観』東京大学出版会、一九九八年）。論者により小異は認められるものの、同図作成の契機が、寺領認定や校班田《こうはんでん》などによる新たな寺領の確定に求められる点は、認めてよい。

額田寺図は、伽藍・屋敷・道・川・池・溝・墓や田・岡・林などの土地条件をあらわす地目、条里界線、さらには山の稜線や樹木などの自然景観の描写とともに、文字による記載から構成される。ここでとくに注目したいのは、額田寺図の北東から南西へ朱を用いて描かれる道の存在である（図14参照）。この道は、現在もほぼその位置を留めており、その方位の振れは、おおむねN20°Wの龍田道に近しいといえる。額田寺のすぐ西方には、筋違道（太子道）が通ることからすれば、額田寺図の偏向道路もこれに直交する形で設定されたものと思われる。偏向道路の設定がいつごろにまで遡るかは詳らかにし得ないものの、額田寺図の描かれた奈良時代後半には確かに存在した点は重要である。

近年、描かれた自然地形を根拠とした、額田寺図の現地比定が試みられている（図15）。額田部丘陵は、大和盆地の北西部に位置する独立丘陵であり統一条里の空白地であること、丘陵をはさむ東西

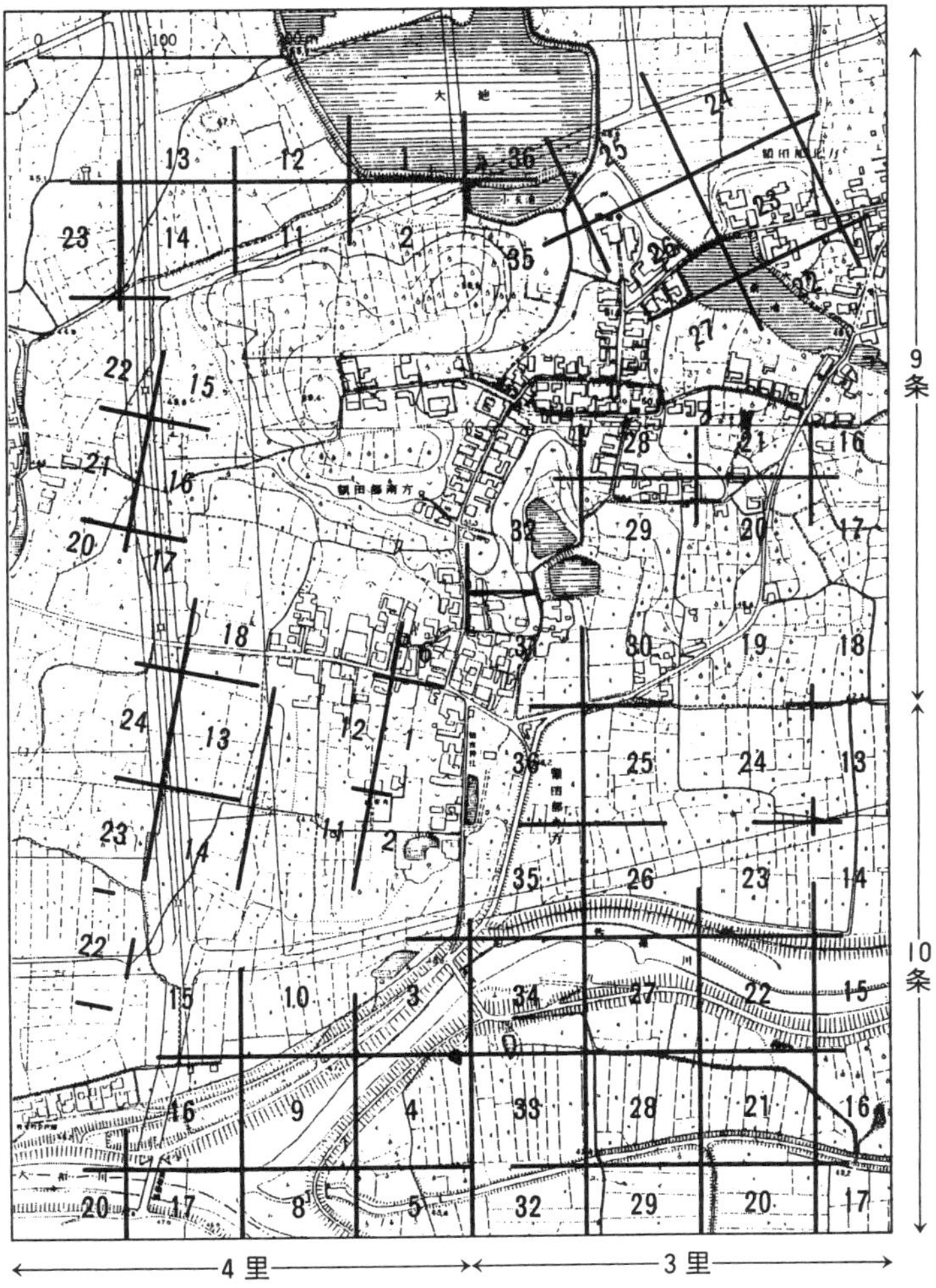

図 15　額田寺図現地比定試案（山口英男氏による。「額田寺伽藍並条里図」，金田章裕ほか編『日本古代荘園図』所収，東京大学出版会，1996 年より）

の条里界線に南北半町程度のズレが生じていることが、古くから指摘されている（山口英男「額田寺伽藍並条里図」）。条里復原によると、丘陵西部には正南北より東偏する条里地割の痕跡が認められ、また寺域の北東、偏向道路の付近には道路と同じ方向に偏向する地割が分布している。これらの地割を即座に斑鳩の地割と結びつけて論じることはできまいが、奈良時代後半の斑鳩隣接地において、確かに正南北とは方位を異にする偏向条里が存在したことは注目すべきであろう。

ここで大和盆地全体の条里地割を眺めてみると、とりわけ盆地の縁辺部において、特殊地割ともいうべき条里地割が施行されていることに気づく。その一例は、盆地北西の縁辺部、平城京右京の北方に施行された添下《そふのしも》郡京北《けいほく》条里に認められ、この条里は、京北班田図に四条六里の条里区として描かれるものの、実際に条里施行の認めがたい丘陵部の擬制条里や、方位や基準を異にする条里区の複合体として理解されるという（秋山日出雄「京北条里考」、平城村史編集委員会『平城村史』所収、一九七一年）。盆地の縁辺部における小規模条里の存在は周知に属するのであるが、これらの成立が、おおむね統一条里に伴うか、むしろそれに遅れて成立したことには留意する必要がある。斑鳩が、大和盆地の縁辺部という、京北条里区や額田部地域と同様の地理的条件を有していたことに鑑みるならば、我々はここにいたり、偏向条里の存在を推測するわずかな手がかりを得たといえよう。

大和国統一条里　大和盆地の条里研究は、近年新たな動向が認められる。やや議論が錯綜する感が否めないが、ここでは、大和国統一条里に関する見解を確認し、盆地全体の研究動向を概観したうえで、議論を斑鳩地域の地割へと進めることにする。

条里制研究の先進地域ともいうべき大和盆地では、古道や藤原京・平城京と、遺存する条里地割との関係を踏まえて、その前後関係が議論されてきた。近年の議論としては、統一条里の施行時期は、七世紀後半とする井上和人氏の見解と（「条里制地割施工年代考」）、八世紀後半、それも宝亀三年（七七二）の校田を契機として条里プランが完成したとする金田章裕氏の見解がある（「大和国額田寺伽藍並条里図」）。一方、考古学的調査の成果によると、現地表面に認められる正南北の条里地割は、十二、三世紀にいたり成立すると指摘されている。確かに、報告された埋没地割の遺構による限り、批判の余地は認めがたいかにみえる。ただ、報告事例の立地は、必ずしも安定した耕地とは言い難く、かかる状況が、古代以来安定した耕地が営まれた地域、ひいては、盆地内の可耕地全域にまで及ぶかは、今少し慎重な議論が必要であろう。批判が尽くされないものの、関連史料の検討からは、金田説に矛盾が少ないといえ、本稿は、現実に耕地が設定されたかはおくとして、ひとまず大和国条里プランの完成を宝亀年間（七七〇―七八〇）とする理解に従いたいと思う。

そこで、議論を一歩進める。大和国における条里プランは宝亀三年（七七二）の校田を機に施行されたとする金田説に従うとき、注目すべきは、宝亀年間以降の寺田の施入についてである。このころ以後にみられる大和国における数町単位の寺田施入は、条里プランの完成に伴うものである蓋然性が高い。明確に示される事例は少ないものの、かつて筆者が明らかにしたところでは、やや時代の下る延暦十七年（七九九）秋篠寺《あきしのでら》に施入された「添下郡荒廃公田二十四町」は、京北班田図に記載される京北三条四里・五里の一円所領と推測される（拙稿「秋篠庄と京北条里」『続日本紀研究』三二四号、二〇〇〇年）。

翻って考えてみるに、この議論の出発点たる菩提院寺田の施入は宝亀四年（七七三）のことであり、この施入田が条里地割に基づくとするならば、推測される斑鳩偏向条里の設定時期は、宝亀四年（七七三）以前のいずれかの時期とせざるを得ないのである。してみれば、斑鳩偏向条里は、七世紀初頭ごろに斑鳩の開発が始動して以後、宝亀年間までに施行された、といえる。その時期の特定は推測に頼らざるを得ないが、斑鳩周辺の土地関連史料がこのころに集中して認められること、何よりも、大和国条里プランの成立が宝亀三年（七七二）である蓋然性が高いことに鑑みるならば、斑鳩の偏向条里は、統一条里プラン施行に伴い、とくに縁辺部に設定された、特殊地割の一類型であったとするのが穏当ではなかろうか。

宝亀三年（七七二）には、墾田永年私財法があらためて施行された（『類聚三代格』宝亀三年十月十四日太政官符）。条里プランの成立と墾田開発の密接な関連にあるとするならば、墾田法の再施行に条里プランが伴うものであったとしても、あながち的はずれとはいえまい。さらに推測をたくましくするならば、「1　斑鳩の古道と諸宮」で紹介した『日本霊異記』の「聖徳王の宮の前の路」なる記事が宝亀元年（七七〇）にかけられているのは、ほぼときを同じくして施行されたこの地の偏向条里との関連で理解され、路面と条里地割の一町分を「路」と見紛ったゆえの表現ではなかったろうか。

斑鳩地域開発史の課題　本稿は、斑鳩地域に特徴的な偏向道路と偏向地割を素材として、七世紀初頭から八世紀後半にいたる約二〇〇年間の、この地域の開発史を粗描したものである。

従来、斑鳩地域の開発は、上宮王家の斑鳩への進出、宮の周辺所領の開発にはじまるとされ、王家の滅亡後、その所領が法隆寺へ施入された点、さらには、令前所領の存在形態を論じる素材とされてきた。この議論はおおむね承認できるものであり、本稿もこれに異を唱えるものではない。しかるに、その後の斑鳩地域の歴史を紐解いてみるとき、行信による法隆寺東院伽藍の創建、光明子・阿部内親王の宮廷仏教と法隆寺など、天平期を中心とした時期のいくつかの事例が指摘されるものの、開発とは異なる視角から論じられるに過ぎなかったのもまた事実である。さらに、奈良時代後半以降、とりわけ平安時代の法隆寺については、史料的な制約から、その詳細はいまだ明らかにされていないように思われる。

以上、本稿では、推測に推測を重ねた感も否めないが、斑鳩の開発を七世紀初頭から八世紀後半にいたる時代に位置づけるとともに、近年の論調ではその存在が疑問視されている偏向条里を再評価し、その成立を宝亀年間（七七〇—七八〇）ころとする理解を呈示した。むろん実証の乏しい一試案に過ぎないことは自覚しており、その当否は今後の考古学的調査による埋没条里の発見に期待せざるを得ないのであるが、この問題に関連する様々な先行研究や史料をもとに、できるだけ蓋然性の高い理解を心がけたつもりである。近年やや閉塞状況にある条里研究の、捨て石ともなれば幸いである。平安時代における法隆寺寺辺所領の動向や、十二、三世紀に措定される大和国正南北条里の施行にいたる過程など、本稿が言及し得なかった点も多い。すべて今後の課題とし、ひとまず擱筆する。

七　斑鳩寺と飛鳥寺院

菱田哲郎

1　西院伽藍と若草伽藍

法隆寺と考古学　法隆寺は謎の多い寺院である。『日本書紀』天智九年（六七〇）四月三十日条の「夜半の後に法隆寺に災《ひっ》けり、一屋も余すことなし」の記事をめぐる有名な法隆寺再建非再建論争はもとより、その創建の時期やその態様をめぐって、また金堂《こんどう》の諸仏や玉虫厨子《たまむしのずし》など寺物の由来、さらには聖徳太子や上宮王家との関わりなど、多くの問題が議論されてきた。まだ議論が分かれている問題も多く残されているが、これらの疑問を解決しようとする取り組みの過程で、さまざまな分野の研究が深められ、またそれらの総合化が促進されてきたことも事実である。考古学の分野では、寺域における発掘調査が少しずつではあるが進められ、同時代の遺跡遺物に対する研究が飛躍的に増大したことを受けて、法隆寺の出土遺物に対する理解も深められてきている。本稿では、著しい進歩のみ

図16　法隆寺西院伽藍

られる考古学的な成果を軸に、飛鳥時代の法隆寺・斑鳩《いかるが》寺について検討を行うことにしよう。

なお、法隆寺は斑鳩寺とも称するが、創建時にはもっぱら斑鳩寺と称していたと考えられることから、飛鳥時代の法隆寺を叙述する際には、斑鳩寺という寺名で表すことにしたい。

若草伽藍の発掘　現在の西院《さいいん》伽藍《がらん》より南東に二〇〇㍍ほど行った場所に巨大な塔心礎《とうしんそ》が残されていたが、一時外に持ち出されたのち、昭和十四年（一九三九）にもとの場所に返還されることになった。このことを契機に若草《わかくさ》伽藍の発掘調査が、石田茂作氏・末永雅雄氏らによって行われ、その塔心礎が座る塔基壇および北方の金堂基壇が確認された。この発見によって、創建時の斑鳩寺がつきとめられ、法隆寺再建非再建論争にとっても、再建論を支持する重要な証拠と考えられるようになった。その後、同じ若草伽藍の調査が昭和四十三・四十四年（一九六八・六九）に実施され、金堂基壇や塔基壇の規模や構造がより詳細に明らかになるとともに、土層の観察から金堂が先で塔が後という造営の先後関係が明らかになっている。

昭和五十三年（一九七八）からは、防災施設工事にともなって、法隆寺境内の各所が発掘調査されるようになり、若草伽藍についてもその西辺や北辺の柵列が発見されるなど、寺域を考える重要な手がかりが得られた（奈良国立文化財研究所・奈良県教育委員会『法隆寺防災工事・発掘調査報告書』法隆寺、一九八五年）。なかでも、若草伽藍の西北隅にあたる部分で、若草伽藍に先行する水路が見つかり、しかも西院伽藍を造営する際に埋め立てられるといった経緯が明らかになっており、若草伽藍と西院伽藍との関係を直接的に示す重要な知見が得られている。少し詳しくみておくと、現在の鏡池《かがみいけ》のあたりに北から南に流れていた水路（調査の際にSD二一四〇と名付けられている）があったと考えられ、現在の聖霊院《しょうれいいん》前の調査区では焼土とともに七世紀末ごろ～八世紀初頭の土器が出土、この土の上層には西院伽藍の整地土が被さっていた。この水路SD二一四〇は、実相院《じっそういん》の北側の調査区でも確認されているが、ここでは若草伽藍の造営にともなって西限の柵を設けるために埋め立てられ、すぐ西側に付け替えられていることが明らかになっている（調査時のSD三五六〇）。このSD三五六〇の埋没の時期も西院伽藍の創建瓦が最上層から出土することから判断して、西院伽藍の造営と相前後する時期であることがわかる。したがって、若草伽藍の時期に機能していた水路を西院伽藍の造営時に埋め立

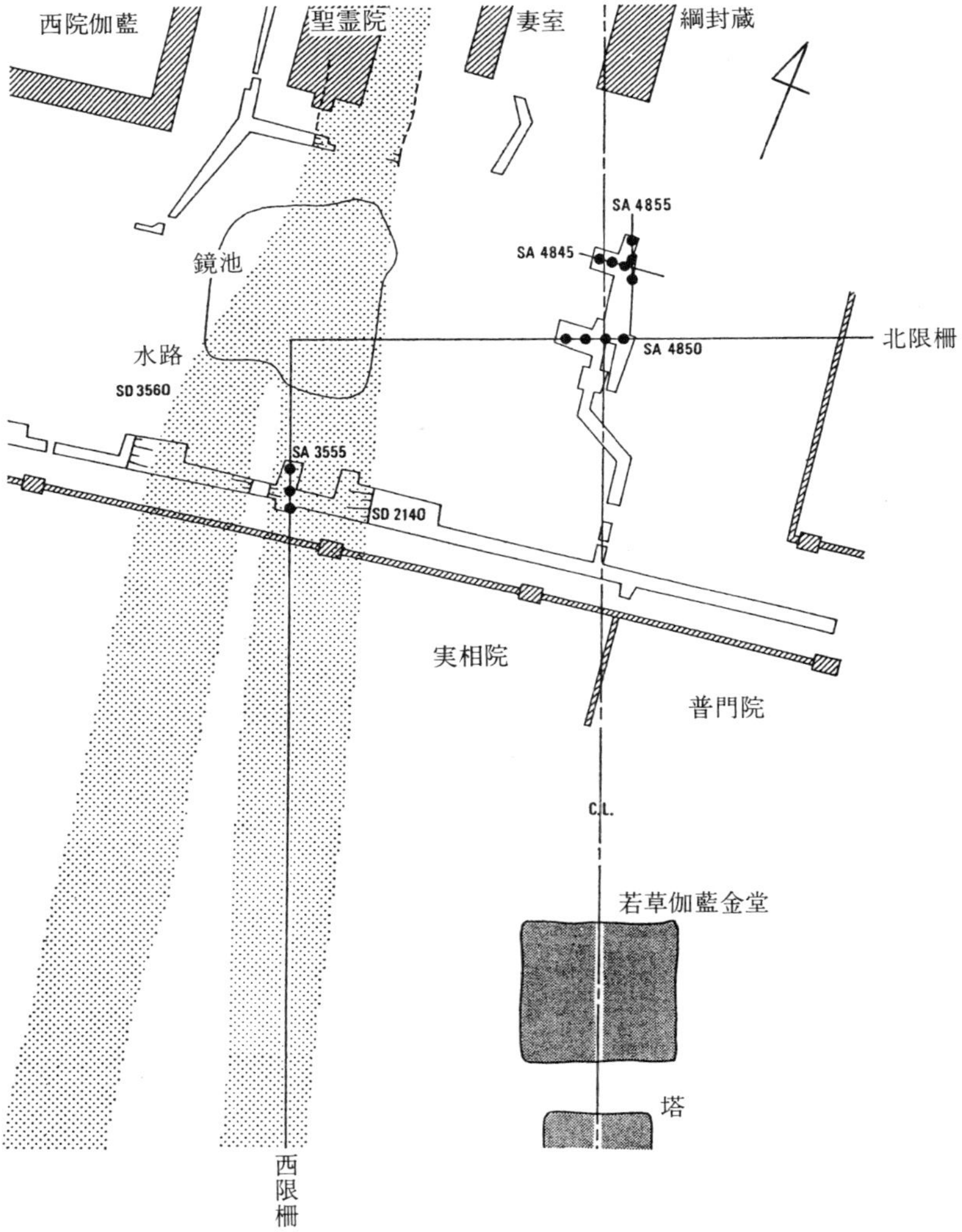

図 17　防災施設工事に伴う発掘調査で明らかになった若草伽藍の関連施設
(『法隆寺防災工事・発掘調査報告書』より，一部改変)

てるという関係が確実視でき、少なくとも両伽藍が並存したことを考えることは不可能になった。

斑鳩寺と斑鳩宮　防災施設工事にともなう調査では、現在の夢殿《ゆめどの》を中心とする東院伽藍についても重要な知見をもたらした。東院では、古く昭和九年（一九三四）に行われた伝法堂《でんぽうどう》の解体修理の際に、床下が発掘調査され、斑鳩宮の一部と考えられる掘立柱建物の存在が明らかにされていた。防災施設工事にともなう調査では、それらの建物を囲繞《いにょう》すると考えられる南限の区画溝が確認され、斑鳩宮造営時の地割を考える重要な手がかりを与えてくれている。これら東院伽藍に先行する建物や溝の方位は、北から西に二〇度あまり傾いた角度であり、若草伽藍の中軸線やその寺域を画する柵列と一致する。このことは、法隆寺付近の地割の検討から、斑鳩寺と斑鳩宮が一体のものとして、同じ地割の上に造営されたとする岩本次郎氏の説（岩本次郎「斑鳩地域における地割の再検討」、奈良国立文化財研究所創立三〇周年記念論文集刊行会編『文化財論叢』所収、同朋舎出版、一九八三年）を裏付ける結果となる。

以上のように、初期の法隆寺の変遷として、斑鳩宮と同じ地割に基づいてまず若草伽藍が造営され、その廃絶後に西北の丘陵上に場所を改め、また基準となる方位も変更して西院伽藍が営まれたという経緯が明らかになってきた。西院伽藍の堂宇では数多くの礎石が転用されているという事実も、移転を考える重要な証拠となる（清水昭博「『適材適所』――西院伽藍の『転用』礎石について――」『聖徳太子の遺跡』橿原考古学研究所附属博物館特別展図録五五冊、二〇〇一年）。

しかし、これでこれまでの再建非再建論争に決着がついたかというとそうではない。すなわち、伽藍の移転が史書に触れられる天智九年（六七〇）の火災によるものであるかどうかは、まだ即断することができない状況である。というのも、昭和四十三・四十四年（一九六八・六九）の調査では、塔や金堂に火災の痕跡が確認されておらず、また出土瓦についても石田茂作氏が火災の痕跡があると指摘しているにもかかわらず、再検討の結果では二次的な火を受けた個体が確認されていないからである（山本忠尚「若草伽藍非焼失論」、坪井清足さんの古稀を祝う会編『論苑考古学』所収、天山社、一九九三年）。そして、防災施設工事にともなう調査で焼土が見つかっている聖霊院前のＳＤ二一四〇埋土では、藤原宮期の土器が出土しており（図20下段）、天智九年の火災の決定的証拠とすることには困難がともなう。もちろん記事の「一屋も余すことなし」という記載が脚色であるとする見方もあり、焼土が見つかった場所が寺域の北方であることから考えて、僧侶のための施設が焼失したと考えることも可能であるが、いずれにしても直接的な証拠はまだ得られてはいない。つまり、創建期の斑鳩寺がいかなる理由で場所を移すことになったのか、これはまだ未解明の課題と言わざるを得ない。

2　斑鳩寺の創建年代

年代決定の方法　法隆寺に限らず、古刹として知られた大寺院であってもその創建の年代や事情を明らかにできる場合は少ない。法隆寺の場合も、『法隆寺伽藍縁起《がらんえんぎ》并《ならびに》流記資財帳《るきしざいちょう》』に記される推古天皇と聖徳太子が丁卯年（六〇七）に他の六ヵ寺とともに造ったという記載はもとより、『日本書紀』

推古十四年（六〇六）是歳条に聖徳太子が『法華経』を講じ、喜んだ天皇から播磨国の水田一〇〇町を賜り、斑鳩寺に納めたとする記事も、津田左右吉氏の研究以来、そのまま信用することができないものと考えられている。また、仏像の光背にある銘文についても、癸未年（六二三）の釈迦三尊像については疑う意見はないものの、丁卯年（六〇七）の薬師如来像については、像の様式が釈迦三尊像より新しいと考えられることから、法隆寺の創建を示す史料として直接的に用いることはされなくなっている。したがって、厳密に言うならば、史料からは法隆寺は六二三年までにはできていたことがわかるにすぎない。そこで、先述してきた考古学的な調査の成果に基づいて、斑鳩寺の創建年代、すなわち若草伽藍の造営時期を絞り込み、先に挙げた史料の当否を検討することにしよう。

寺院に関する考古資料のなかでは、時期や系譜を示すものとして瓦《かわら》が重要視されてきた。法隆寺についても岸熊吉氏や石田茂作氏らの先駆的な研究につづいて、若草伽藍の調査で出土した資料から法隆寺の創建年代が考えられるようになってきた。ただし、瓦そのものに年代が記されているわけではないので、年代が明らかな堂宇《どうう》の所用瓦をもとに相対的な順序を手がかりとして、年代を推定することになる。さいわい、斑鳩寺については、他の寺院との関係を知ることができる資料があり、このような研究が進められてきている。瓦の場合は、同じ文様《もんよう》、笵型《はんがた》が長く用いられることがしばしばあり、また文様の変化については緩急の差が大きく、瓦のみを用いて年代決定することが適切でない場合もしばしばある。そこで、最も普遍的な編年《へんねん》の材料である土器を援用して、相対的な時期を確定していくことにしよう。

瓦からみた相対順序　若草伽藍において最初に建立された金堂に用いられた瓦は、出土量の多さから素弁蓮華文《れんげもん》軒丸瓦3Bと手彫り忍冬唐草文《にんどうからくさもん》軒平瓦である。この3Bはきわめて重要な資料であり、詳細な検討の結果、飛鳥寺の瓦のなかに同じ笵で作られた瓦（同笵瓦《どうはんがわら》）がある（Ⅷ類）ことが明らかにされている。そして、飛鳥寺で用いられたのち豊浦《とよら》寺の金堂に使用され、やや笵に手が加えられて

図18　若草伽藍の創建瓦（法隆寺所蔵）

法隆寺の造営に用いられたことが判明した。木製の笵を用いてくれたおかげで、その傷み具合や改作の過程から、順序が明らかにできるわけである。この同じ笵で作られた瓦のなかでは、法隆寺で用いられたのが最も新しいことがわかり、少なくとも飛鳥寺で塔までが完工する推古四年（五九六）よりも後に斑鳩寺の造営が行われることが示される。

精美な八葉の花弁を持つ蓮華文軒丸瓦4Aもまた若草伽藍金堂で用いられたと考えられる瓦である。この瓦は、四天王寺の創建瓦と同笵であることが古くから指摘されており、法隆寺では笵にほとんど傷がない状態のもののみがあるのに対し、四天王寺では木目に沿って傷みが進行し、とても同じ文様には見えなくなったものまで存在している。このことから、法隆寺の造営が四天王寺の造営にやや先行して行われたことが導き出される。

図19　飛鳥寺・斑鳩寺同笵瓦（飛鳥寺Ⅷ類，奈良文化財研究所所蔵）

主として同じ笵が用いられた寺院を中心に先後関係を明らかにすることができた。すなわち飛鳥寺の主要部の造営→豊浦寺金堂→法隆寺金堂→四天王寺という関係である。飛鳥時代においては寺院の建立が金堂からはじまるのが一般的であったと考えられるので、以上の順序はそれぞれの寺院の創建順序を物語っているといってよいだろう。

土器からみた相対順序　次に土器の変化に着目して創建の順序を考えてみよう。六世紀後半から七世紀前半にかけて一般的に使

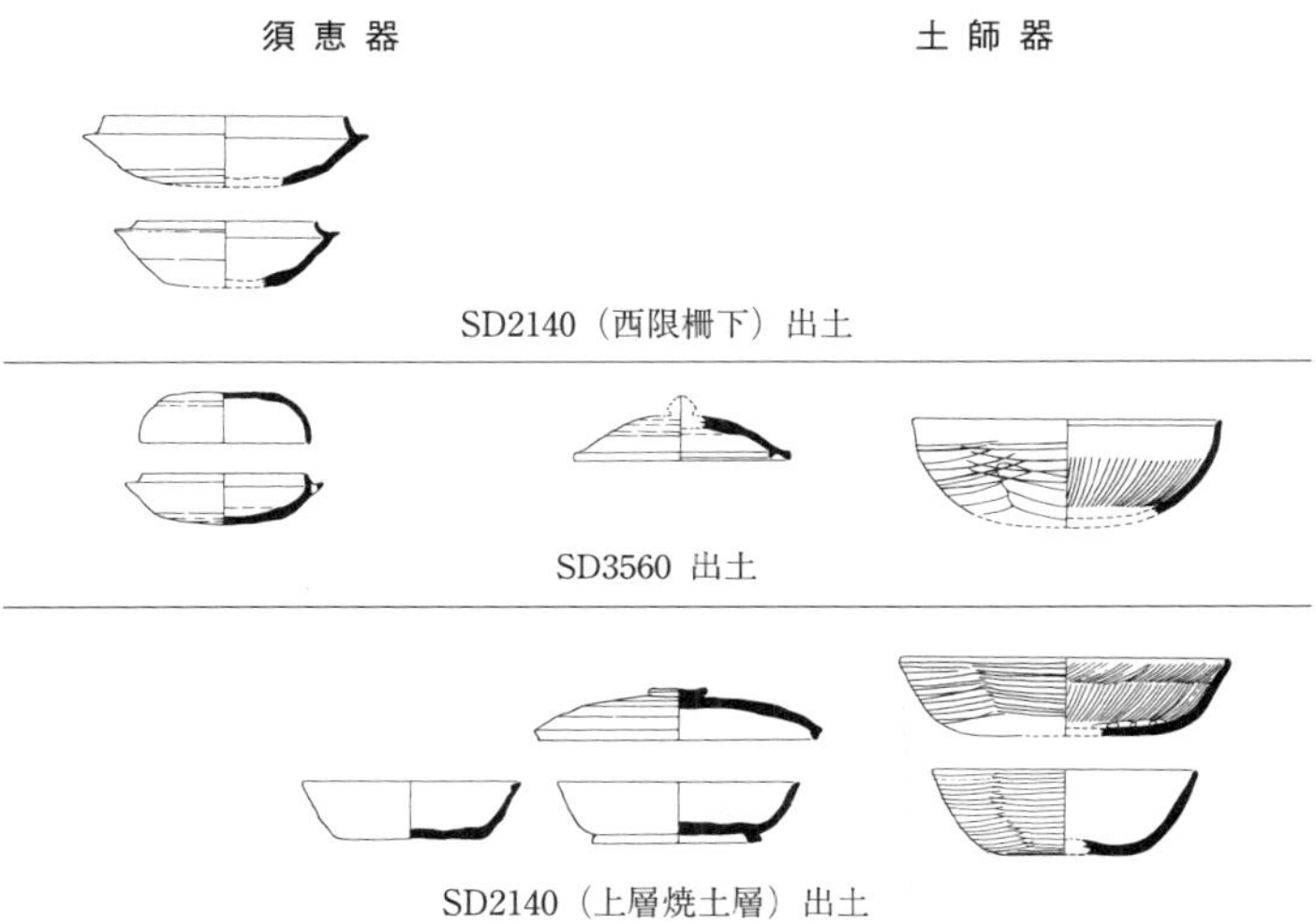

図20　若草伽藍出土土器（縮尺1/8,『法隆寺防災工事・発掘調査報告書』より作成）

用された食膳具である須恵器《すえき》蓋杯《ふたつき》は、小型化、粗雑化する傾向がある。この点を念頭に寺院に関係する資料をならべてみると、まず飛鳥寺の下層から出土している須恵器が蓋で直径一三㌢を計り、最も大きく、天井部に削り調整が施されている。若草伽藍の西限柵を作るために埋め立てられた水路SD二一四〇出土の須恵器は、飛鳥寺同様の大型の例もあるが、造営の直前の様相を示すと考えられるのは、口径が約一一㌢に小型化した杯身である（図20上段）。なお、付け替えられた水路SD三五五〇からは、SD二一四〇よりもさらに小型化した蓋杯が出土しており、若草伽藍の活動期が示される（図20中段）。

　四天王寺の創建年代と密接な関係を持つのが、その創建瓦すなわち斑鳩寺の4Aと同笵の瓦を生産した楠葉《くずは》平野山《ひらのやま》窯跡（大阪府枚方《ひらかた》市・京都府八幡《やわた》市）である。ここでは、瓦のほかに須恵器も生産しており、厳密に同時というわけではないが、両者の操業が相前後して行われていることがうかがえる。そのなかの八号窯は比較的多くの須恵器を出土しているが、蓋杯に注目すると、杯身で口径一〇・五㌢を計り、SD二一四〇よりもやや小型化が進行したものと判断できる。そして、大和の山田寺《やまだでら》の整地土から出土した資料と比較してみると、ほぼ同じ形態、口径のものがあるほか、山田寺にはさらに小型化した資料もみとめられる。整地土という性質上、時期幅を持つ資料が含まれることになるが、そのなかの最も新しい様相を持つものが寺院の整地の時期に近いと考えてよいだろう。

文献史料との対比　土器の検討を要約すると、飛鳥寺→斑鳩寺／四天王寺→山田寺ということになる。これは瓦で検討した順序と矛盾はなく、斑鳩寺と四天王寺は若干の差しかみられなかったが、斑鳩寺が先行することは間違いない。これらのうち、飛鳥寺とともに山田寺が創建年代が明らかである。山田寺の整地の年代は『上宮聖徳法王帝説《じょうぐうしょうとくほうおうていせつ》』裏書文書から舒明十三年（六四一）であり、整地土の資料はその直前、およそ六三〇年代に比定できる。飛鳥寺の下層の資料は崇峻元年（五八八）の造営開始からさほど遡らないであろう。

四天王寺については、法隆寺と同様に史料の信憑性に疑問が残る。少なくとも『日本書紀』推古元年（五九三）是歳条の「四天王寺をはじめて難波の荒陵《あらはか》に造る」という記事は、斑鳩寺の造営との先後関係から考えて、事実とみなしがたい。その次に古い四天王寺に関する文献では、『日本書紀』推古三十一年（六二三）七月条の新羅《しらぎ》・任那《みまな》からの遣使の記事が挙げられる。仏像や金塔、幡《はた》、舎利《しゃり》などを奉献しており、前年に死去した聖徳太子の弔問使であったとみられるが、その奉献品のうち、舎利と金塔、灌頂幡《かんじょうばん》が四天王寺に納められたとされており、この時期に四天王寺の造営が想定される。実際、土器から明らかな山田寺との先後関係から、ほぼ妥当な年代と言える。なお、奉献品のうち仏像は葛野秦寺《かどののはたでら》に納められているけれども、後述するように、その寺院は広隆寺ではなく、山城最古の寺院である北野廃寺に相当するものと考えられる。年代については、創建瓦を生産した瓦窯である幡《はた》枝元稲荷《えだもといなり》窯跡から出土した須恵器をみると、楠葉平野山窯跡とほぼ同様の形態、大きさの蓋杯があることが示唆的である。おそらく、この記事に記された推古三十一年の段階に、両寺の造営が進められていたと考えてよいだろう。

斑鳩寺の創建　斑鳩寺と資料のうえで関係を持つ寺院について、年代を示す記事を検討してきた。最後に、斑鳩寺の創建年代に立ち返ることにしよう。先にも触れたように、飛鳥寺よりも時期的に下ることは確実である。瓦が豊浦寺金堂の建設を経て斑鳩寺にもたらされているので、当然、推古四年（五九六）からは相当の時間が経っているものと考えねばならない。しかし、四天王寺の年代が六二〇年代に位置づけることができることを考慮すると、必然的に六一〇年前後が最も蓋然性が高いと言えるだろう。そこで改めて史料をみると、薬師三尊仏の光背銘および『法隆寺伽藍縁起并流記資財帳』の推古十五年（六〇七）が有力な候補に浮上し、前年の水田施入もまた造営に関わる一連のできごとと理解することが可能になる。なお、薬師三尊仏の様式が新しい点については、火災で失われたのち改めて鋳造された、あるいは新造されたものに銘を追刻したとする考えがあることを明記すれば十分であろう（太田博太郎「法隆寺の歴史」、奈良六大寺大観刊行会編『奈良六大寺大観一』所収、岩波書店、一九七二年）。

検討の過程で、豊浦寺の金堂が斑鳩寺の直前に建立されたことが導かれた。豊浦寺の創建年代についても諸説があるが、斑鳩寺以前で、飛鳥寺以後という関係から、推古十一年（六〇三）に宮を小墾《おはり》田宮《だのみや》に遷した際に、旧宮の豊浦宮《とゆらのみや》を寺としたという考えが有力視できる。豊浦寺では、塔跡ではまったく異なる瓦が採用されており、その後いつ寺の形が整ったかを明らかにすることはできないが、ともかく最初の金堂の造営については、時期を明らかにすることができたわけである。

考古資料を用いた検討から、斑鳩寺の創建諸説のなかで、推古十五年（六〇七）が最も蓋然性が高いと考えられることから、その背景を探ることも容易になってくる。斑鳩宮の方は、推古九年に聖徳太子が宮室を斑鳩にはじめて興すという記事があり、推古十三年には「斑鳩宮に居す」と記載されている。まさに、斑鳩寺の造営期は、斑鳩宮が機能しはじめた時期にあたるわけである。先述したように、遺跡の調査の結果から、両者が同じ地割の上に方位を揃えて造営されたことが判明しており、造営年代の近さを裏付けている。舒明朝の百済宮と百済寺のように、七世紀半ば以降は寺院と宮室が同時に営まれる事例が増えてくる。その先駆的な例として、斑鳩寺と斑鳩宮の造営を捉えることができるだろう。

斑鳩寺の造営に先行する推古十二年（六〇四）には「三宝《さんぼう》を篤《あつ》く敬え」という条文を含む十七条の憲法が太子によって制定されたという記事がある。聖徳太子の事績とされることがらには、後世の脚色が入り込んでいる可能性が指摘され、その真偽を明らかにすることは難しいけれども、推古十五年（六〇七）の斑鳩寺造営が確実視できることから、その前後の時期における聖徳太子の仏教興隆政策を再評価することが可能である。斑鳩寺の造営前後は、崇峻元年（五八八）の飛鳥寺造営開始に次ぐ、日本列島の仏教受容における重要な画期であると言えるだろう。

3　斑鳩寺と関連寺院

瓦作りの流派　『法隆寺伽藍縁起幷流記資財帳』には、丁卯年（六〇七）に、法隆寺のほか四天王寺、中宮尼寺、橘《たちばな》尼寺、蜂丘寺、池後《いけじり》尼寺、葛城《かつらぎ》尼寺が推古天皇と聖徳太子によって建立されたとする。これまで検討してきたように、法隆寺については、ほぼその年代であっていることが明らかであるが、かといって残る六ヵ寺についての伝承が正しいという保証はない。そこで、まず瓦などの考古学的証拠から法隆寺と密接な関係のあった寺院を検討し、そのうえでこれら聖徳太子七ヵ寺の関係を考えることにしたい。

崇峻元年（五八八）に百済からの僧、工人の渡来を得てはじまる飛鳥寺の造営に際し、主体となっ

図21　飛鳥寺の創建瓦（奈良文化財研究所所蔵）

た軒丸瓦に二種類あり、文様も製作技術も大きく異なることが判明している。花弁《かべん》が切り込み状になっており、花組と称されているもの（Ⅰ類）と、花弁の先端に珠点をおく形状から星組と称されるもの（Ⅲ類）の二種である。製作技法をみると、花組では丸瓦の先端をそのまま瓦当部に押しつけて接合するのに対し、星組では回転を利用して瓦当部の円盤を作り、それに先端を片ほぞ状に加工した丸瓦を接合して軒丸瓦とするという技法がとられている。そして、接合される丸瓦も大きく異なり、前者は瓦を葺《ふ》くために次第に尻すぼまりになる形態（行基《ぎょうき》式）で、色調も赤っぽいのに対して、後者は瓦を葺く際にソケット式につなげられるよう一方の端に段が設けられていて（玉縁《たまぶち》付）、色調も白っぽい。そして後者の軒丸瓦には、瓦釘のための穴が必ずあることも違いである。この両者の技法は百済の瓦作りでもみられるものであるが、とりわけ回転成形や片ほぞ状の技法は、単なる模倣によってできるものではないので、直接的な技術者の渡来を物語るものである。

先に取りあげた豊浦寺や法隆寺に同笵の瓦を持つものは、この星組のなかに含まれるもの（Ⅷ類）であり、花弁が十一葉から九葉に減じた以外は、文様や製作技術上の特徴が共通する。そして、豊浦寺や斑鳩寺においても、もちろん回転成形や片ほぞ状の技法が観察できることから、飛鳥寺の造営に関わった渡来工人の一部が、技術を維持しつつその活動の場を広げていったと考えてよい。なお、この飛鳥寺Ⅷ類の同笵瓦が御所《ごせ》市上増《かみます》で出土しているが、大規模な寺院の存在を想定することが難しい地形であり、現状ではその性格が不明である。

四天王寺と新堂廃寺　斑鳩寺においては、飛鳥寺Ⅷ類と同笵の3Cばかりでなく、四天王寺に同笵瓦のある4Aもまた回転成形技法、片ほぞ状の調整がみとめられ、同じ瓦作りの流派の所産であると考えられる。斑鳩寺では、塔の造営にも4Aの文様を手本とした瓦である6Cや6Dが使われていくが、6Cでは回転成形、片ほぞ状調整が残るのに対し、6Dではそれが失われており、次第に変化していく様子がうかがえる（花谷浩「飛鳥時代の瓦」『法隆寺の至宝一五』小学館、一九九二年）。一方、四天王寺では4Aの笵がかなり消耗するまで使われ、その間に製作技術もほとんど変化しないことから、伝統的な製作技術を墨守する瓦工人たちは、むしろ四天王寺の造営に移っていったと考えることもできよう。若草伽藍の金堂や塔の規模が四天王寺のそれにほぼ等しいと推測されていることからも、両

図22　四天王寺金堂跡

寺の間での造寺技術が共有されたことがうかがえる。

星組の瓦と回転成形、片ほぞ状の調整という組み合わせは、大阪府富田林《とんだばやし》市新堂廃寺の瓦においても観察できる。新堂廃寺は、七世紀前半の創建時には金堂、塔、中門《ちゅうもん》を一直線に配置する四天王寺式の伽藍配置で、のち七世紀後半に塔の西と東に新たに仏堂を加えるなど拡充されている。その創建時の瓦として多くの種類が知られているが、回転成形の技法が星組十葉の瓦にともなって観察できる。丸瓦の接合に際し、片ほぞ状の切り込みを持つものもあり、斑鳩寺、四天王寺へとつづく流派の特徴を備えている。ただし同笵瓦が知られていないため、年代的な先後関係を決めることはできない。しかし、四天王寺の造営にほぼ併行する時期と考えて大過ないであろう。

図 23　新堂廃寺の塔心礎（富田林市教育委員会写真提供）

斑鳩寺創建に関わった瓦工人の流派について、その足取りを追跡することから、初期の斑鳩寺に関連する寺院をあぶりだすことが可能になった。これらの寺院は、いかなる関係を物語るのか、簡単に眺めておこう。飛鳥寺およびそれと対をなす尼寺の豊浦寺は、もちろん蘇我《そが》氏本宗《ほんそう》家《け》の創始した寺院であり、聖徳太子が蘇我一族と血縁関係にあることからも、斑鳩寺と深い関わりを想定できる。斑鳩寺の造営にあたって、蘇我本宗家のバックアップが不可欠であったと考えてよかろう。次に、四天王寺については、太子七ヵ寺に加えられているように、もともと聖徳太子と関わりの深い寺院として認識されてきた。ただし、聖徳太子の生前には、まだ完成していなかったことは、前節で検討した通りである。

新堂廃寺については、聖徳太子との直接的な関係を明らかにすることが難しい。付近にオガンジ池が存在することから、百済に同名の寺院が存在する烏含《おがん》寺の跡であるとする考えが有力であるが、寺名が明らかになったところで、その性格は判然としない。また、律令制下では石川《いしかわ》郡に位置することから、敏達《びだつ》紀に記載のある石川精舎《しょうじゃ》にあてる考えもあるけれども、新堂廃寺ではその時期にあたる遺構が検出されていないし、そもそも橿原《かしはら》市石川町が有力な比定地になっている。可能性がある点としては、同じ石川郡の科長《しなが》の地に聖徳太子や推古天皇の墳墓が営まれることである。やや時期が降るが、天武天皇の没後、初七日から四十九日まで法要が行われたように、仏教が死者の弔いを行うのは七世紀に遡り、また、たとえば奈良県大和郡山《やまとこおりやま》市の額安寺《がくあんじ》の場合のように、先祖の墓と関係を持って位置する寺院がしばしばみられる。聖徳太子墓については、すぐ隣接して叡福《えいふく》寺があるけれども、寺伝では神亀元年（七二四）の創建であり、出土資料からも七世紀前半に遡る証拠は得られていない。多少距離が離れているが、新堂廃寺《しんどうはいじ》は科長谷《しながたに》を望む位置に立地しており、創建時に聖徳太子の墓所との関係が考慮されていた可能性があろう。

僧寺と尼寺　瓦作りの流派をもとに斑鳩寺と密接な関わりを持つ寺院を眺めてきた。その結果、『法隆寺伽藍縁起幷流記資財帳』が掲げる太子創建の七ヵ寺、すなわち法隆学問寺、四天王寺、中宮尼寺、橘尼寺、蜂丘寺、池後尼寺、葛城尼寺のなかで、まず四天王寺については斑鳩寺と密接な関係があることが明らかになった。残る五ヵ寺はどうであろうか。資財帳の記事は、天平十九年（七四七）

の段階の伝承を示していることになるが、それ以前の奈良時代初めに著された『上宮聖徳法王帝説』にもほぼ同様の記載があるので、その関係がかなり早くに成立していたことがわかる。ここではおもに考古学的な成果を参照して、五つの寺院について法隆寺との関係を検討してみよう。

　これらのなかでも中宮尼寺がそのロケーションから斑鳩寺との関係が想起される。ただし、中宮寺の本来の位置は、現在よりも東に五〇〇㍍ほどのところで、その地は廃寺となっている。その発掘調査によって、若草伽藍と同じ四天王寺式の伽藍配置が明らかにされた。同じ伽藍配置ではあっても、金堂や塔の規模は若草伽藍や四天王寺よりもやや小さいことが判明している。出土瓦では、斑鳩寺と同笵の忍冬文軒丸瓦と忍冬文軒平瓦があるのに加え、斑鳩寺では出土していないいわゆる高句麗《こうくり》式の軒丸瓦や奥山久米寺を指標とする素弁八葉軒丸瓦が出土しており、少なくとも若草伽藍の造営よりも時期が下ることがわかる。

　さて、斑鳩の地に僧寺・斑鳩寺と尼寺・中宮寺が相次いで建立され、時期的にも兄妹の関係で並置されていたことが判明する。このことは、七世紀の寺院ではむしろ一般的な態様と言える。そもそも最初の本格的な寺院である飛鳥寺も、尼寺である豊浦寺と一対の関係であった。四天王寺については、難波宮《なにわのみや》遺跡やすぐ近傍の細工谷《さいくだに》遺跡から創建時の瓦と同笵のものが出土していて、尼寺の可能性が導かれる。そのうち、細工谷遺跡は、百済尼寺と墨書された七世紀末の土器が発見されており、その時期には近傍の百済寺（堂ヶ芝廃寺《どうがしばはいじ》が候補）と対になる尼寺であることが明らかである。そうではあるが、四天王寺と同笵瓦を持つ七世紀前半の段階では、四天王寺に対する尼寺であった可能性も残されていよう。

池尻尼寺と法起寺　池後尼寺《いけじり》も斑鳩寺近傍の法起寺《ほっきじ》に比定する意見が有力である。ただし、法起寺は岡本寺《おかもとでら》の別名を持ち、岡本寺＝池尻寺という文言が現れるのは鎌倉時代以後のことである。したがって、岡本寺と池尻尼寺を別寺とする考えも否定はできない。その場合、池尻尼寺の位置は不明とせざるを得なくなるが、ここでは法起寺についてみておくことにしよう。

図24　法起寺三重塔

法起寺については、『聖徳太子伝私記』が引く塔露盤銘《とうろばんめい》から、岡本宮の跡を寺院とし、戊戌年（六三八）に僧福亮《ふくりょう》によって金堂が建立され、下って僧恵施《えせ》が造塔を発願し、丙午年に露盤を上げた、すなわち塔が完成したことが知られる。福亮は大化元年（六四五）の十師の一人で、当時の仏教指導者の一人である。岡本宮は聖徳太子が推古天皇に法華経を講じた場所とされ、福亮が造営に関わるという点で、当時にあっては重要な位置を占めていた寺院であったと評価できよう。この法起寺は、金堂を西、塔を東に配するいわゆる法起寺式の伽藍配置である。そして、ここから出土している瓦は、塔露盤銘を裏付けるように、七世紀後半の瓦に混じって、七世紀前半の瓦が若干出土している。後者の瓦を岡本宮の所用と考える見方もあるが、若草伽藍金堂所用の瓦よりも下ることは間違いなく、七三〇年代の金堂造営にともなうと考える方がよいだろう。

橘寺と葛城寺　橘尼寺は、天武九年（六八〇）に尼房から出火したことが『日本書紀』にみえることから、尼寺であることは疑いがない。東大寺の造営時には、写経所に経典を貸し出したほか、天平勝宝八歳（七五六）に丈六釈迦如来が作られ、法華経の転読がはじめて行われており、法華寺以前では最も中心的な尼寺であったと言える。しかし、この寺院の創建の事情はあまりはっきりしない。伽藍が整えられたのは出土する瓦からみて、隣接する川原寺《かわらでら》の造営期、すなわち七世紀第3四半期であると考えられ、むしろ、僧寺の川原寺に対する尼寺であったと考えると理解がしやすい。ただし、若干ではあるが、七世紀前半に遡る瓦も出土しており、前身の仏堂があった可能性は考えられる。

橘寺は瓦からみる限り、斑鳩寺あるいは聖徳太子との関係はみとめられない。しかし、『上宮聖徳法王帝説』の段階、すなわち奈良時代のはじめには斑鳩寺と何らかの関係を持っていたことは判明するので、後世の太子信仰によって付会されたというわけではない。そこで他の分野からこの問題をみてみると、塔の心礎の形式から共通性が導き出せるという意見がある（宮本長二郎「聖徳太子建立の宮と寺院」、奈良国立文化財研究所飛鳥資料館編『聖徳太子の世界』飛鳥資料館図録二〇冊、一九八八年）。すなわち、太子建立と伝えられる斑鳩寺、中宮寺、四天王、橘寺では、いずれも塔心礎が舎利《しゃり》孔を持たない形式で共通する。これは、舎利を地中に埋納する方式ではなく、天宮《てんきゅう》に納める奉安《ほうあん》方式がとられていたことを示すと考えられ、単なる技術の違いを超えた共通性と理解されている。

葛城尼寺については、主として葛城地域の古代寺院に求める意見と、飛鳥の和田廃寺をあてる意見とがある。前者には御所市の朝妻《あさづま》廃寺や香芝《かしば》市の尼《に》寺廃寺が候補とされているが、朝妻廃寺は朝妻《あさづまの》造《みやつこ》の氏寺とする考えがあり、尼寺廃寺は南北二つの寺院で構成されているが、それらを片岡《かたおか》僧寺・尼寺とする意見（和田萃「古代の片岡――葛城尼寺と尼寺廃寺――」『古文化論叢』所収、伊達先生古稀記念論集刊行会、一九九七年）、あるいは両者をまとめて片岡尼寺とする意見（大脇潔「尼寺廃寺考――尼寺廃寺とその周辺の古代寺院――」『瓦衣千年』所収、森郁夫先生還暦記念論文集刊行会、一九九九年）がある。尼寺廃寺の発掘調査では、北遺跡では若草伽藍の塔心礎と同様の柱座を持つ巨大な塔心礎が確認され、葛城尼寺説が息を吹き返したが、瓦からみた創建の時期は七世紀後半であるなど難点も多い。一方、南遺跡からは、一点だけであるが法隆寺と同笵の忍冬唐草文軒平瓦が出土しており、斑鳩寺との関係が想定できるようになった。

橿原市の和田廃寺にあてる意見は、古く福山敏男氏が論証したように、光仁朝の童謡から豊浦寺の西、桜井の北に葛城寺があったとし、その位置関係から推測されてきた。その後の発掘調査を経て、七世紀後半の塔が明らかとなり、また七世紀前半の瓦も多数出土しており、飛鳥地域の有力寺院の一つであることが判明している。その瓦には飛鳥寺や豊浦寺と同笵関係を持つものもあるが、残念ながら斑鳩寺との関係を示す資料はない。この寺院が確かに葛城寺であったとしても、なぜ聖徳太子と結びつけられるようになったかという点は、橘寺と同様、まだ謎であると言える。

蜂丘寺と葛野秦寺　最後に、蜂丘寺については京都市太秦《うずまさ》の広隆寺《こうりゅうじ》を指すと考えるのが一般的であり、広隆寺は今日に至るまで、聖徳太子信仰の一つの拠点となっている。ただし、この広隆寺についても創建の事情が不確定である。というのも、『朝野群載《ちょうやぐんさい》』所収の『広隆寺縁起』(承和三年〈八三六〉)には、広隆寺が推古三十年(六二二)に創建され、葛野《かどの》郡九条川原里、同荒見社里から移転してきたという伝承を載せており、位置的に近い同郡八条の地にある北野廃寺が、広隆寺創建の地であった可能性もあるからである。確かに、北野廃寺は広隆寺よりも古い瓦を出土し、北山城《やましろ》最古の寺院である。しかし、広隆寺についても発掘調査の結果、北野廃寺にやや遅れて創建されたものの、その後は、奈良、平安時代にわたって、両者が併行して存続することが明らかになってきた。このような点から、寺院そのものの移転を想定することは難しくなっている。

北野廃寺は平安前期には野寺《のでら》と呼ばれた寺院であることが判明しているが、それを葛野《かどの》寺の遺称とする見方を重視する必要がある(田中重久「山城国の郡名寺院」『史跡と美術』一一五号、一九四〇年)。そ

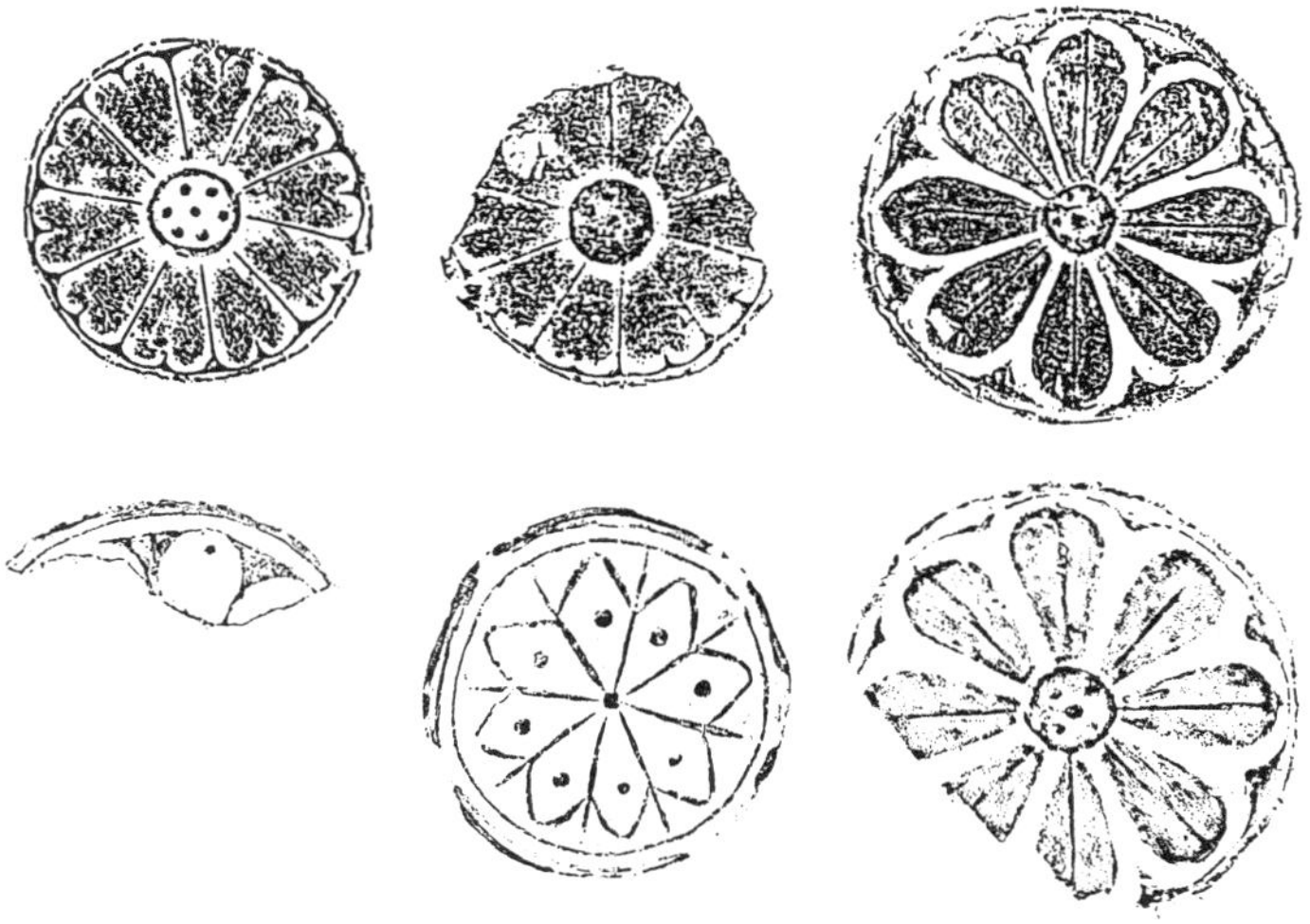

図25　北野廃寺（上段）と広隆寺の軒丸瓦（縮尺1/6）

うすると、推古三十一年条に新羅が奉献した仏像を納めた葛野秦寺を北野廃寺に比定することが可能になってくる。葛野秦寺と蜂丘寺を同じ寺とする意見もあるが、両者はともに地名に基づく寺名であり、地名+法号とする古代寺院の命名法からは地名を二つも持つことが考えにくいので、やはり別寺とすべきであろう。前節で検討したように北野廃寺の創建は六二〇年代が中心であり、『日本書紀』の記事に符合する。『広隆寺縁起』が伝える推古三十年（六二二）の年代もこれに一致するが、葛野寺の創建を広隆寺のこととして縁起に取り入れたのであろう。そして、考古資料からは、現在の広隆寺はやや遅れて七世紀中葉の創建であると推定でき、その結果、『日本書紀』

推古十一年（六〇三）に秦河勝《はたのかわかつ》が聖徳太子から拝領した仏像を奉じて広隆寺を建立したという伝承は、年代に関しては疑わしいということになる。

両寺の瓦をみると、まず北野廃寺の創建瓦の系譜下の瓦も広隆寺から出土していることに気がつく。これはその後、葛野郡、乙訓郡に展開していく瓦である。一方、広隆寺には、同笵ではないが七世紀第2四半期の斑鳩寺の瓦によく似た文様のもの（図25の左下）がみられる。したがって、葛野秦寺は聖徳太子の弔問に関係し、広隆寺は瓦から斑鳩寺との関係がうかがえるわけである。両寺はともに秦氏の造営と考えられる寺院であるが、その後の展開では、広隆寺がもっぱらその伝統を負うことになる。移転の伝承の背景に新羅弔問使の奉献した仏像が、葛野秦寺から蜂丘寺に遷されたといったことがあったのかもしれない。

4　斑鳩寺と四天王寺の展開

七世紀前半の寺院　『日本書紀』推古三十二年（六二四）には、寺が四六ヵ所、僧が八一六人、尼五六九人という数字が挙げられている。しかし、寺院の数については、考古学的なデータに基づいて算出すると、せいぜい二〇あまりにしかならないと考えられている（大脇潔「七堂伽藍の建設」、町田章編『古代史復元八』所収、講談社、一九八九年）。実際、七世紀前半の瓦が出土する寺院であっても、京都府山城町《やましろちょう》の高麗寺《こまでら》のように、中心伽藍の造営が七世紀後半に行われていて、前半に遡る堂宇を見いだし得ない寺院も多く存在する。そして、金堂の造営からはじまる寺院の造営には、長い期間を要し、講堂《こうどう》や外郭《がいかく》施設が完成するまで数十年かかることが明らかになっている。このような点から、七世紀前半の寺院では、七堂伽藍を完備することがむしろ稀であると言えよう。このことをふまえると、斑鳩寺や四天王寺は、あるいは新堂廃寺、葛野秦寺などは、飛鳥以外の地で早くに伽藍が建設された点で傑出した存在であることがわかる。

初期の寺院がいずれも長い命脈を保つとは限らない。むしろ、奈良時代前半における寺院の統合、あるいは奈良時代末期の私寺の廃止といった政策に加え、檀越《だんおつ》となった豪族層の退転、また自然災害など、さまざまな要因によって多数の寺院が廃絶している。そのなかで、斑鳩寺や法隆寺は、長い命脈を保つことができたこともまた、特記すべきである。そのうえ、両寺は奈良時代以降、国家の仏教政策のなかで高い寺格を与えられ、国家仏教の一翼を担うようになっている。このような展開をふまえ、上原真人氏は、主として両寺の瓦の変遷に画期を見いだし、国家仏教やそれ以後の仏教を両寺がどのように反映しているかを検討している（上原真人「仏教」『岩波講座　日本考古学四』所収、岩波書店、一九八六年）。その成果に学びながら、両寺の初期の展開について、仏教政策との関わりからみておきたい。

大化四年の政策　初期の四天王寺の歴史において、一つの画期をなすと考えられるのが、大化四年（六四八）二月五日に阿倍大臣が四衆《ししゅう》を四天王寺に集めて、仏像四体を塔内に安置し、霊鷲山《りょうじゅせん》像を造ったというできごとである。というのも、阿倍左大臣、すなわち阿倍倉梯麻呂《あべくらはしまろ》は、大官大寺《だいかんだいじ》の前身である百済大寺《くだらおおてら》の造寺司に任命されており（『大安寺伽藍縁起幷流記資財帳』）、政権の中枢にいて仏教政策を策定する立場にあったと考えられるからである。百済大寺については、桜井市の吉備池《きびいけ》廃寺か橿原市の木之本《きのもと》廃寺と考えられているが、両者の創建瓦と同笵の瓦が四天王寺から出土し、百済大寺に用いられたのちに四天王寺で使われたと想定できるので、この瓦の背景に阿倍倉梯麻呂の活躍を重ね合わせることができる（菱田哲郎「瓦当文様の創出と七世紀の仏教政策」『古代王権と交流五』一九九四年、名著出版）。

この大化四年というのは、蘇我本宗家の滅亡以降、難波の地が実質的に首都となり、長柄豊埼宮《ながらのとよさきのみや》の造営直前の時期にあたっており、四天王寺が一躍重要な役割を担うようになったと推測できる。蘇我本宗家の滅亡により、仏教界の中枢としての飛鳥寺の地位が動揺し、百済大寺の寺主が任命され機能が強化されるのに併行して、四天王寺に対する取り扱いが変化したと言えよう。

四天王寺の四天王像　四天王寺にあった四天王像については、『四天王寺御手印縁起《ごしゆいんえんぎ》』にも記載があるが、とりわけ重視できるのが、『太子伝古今目録抄』に引く四天王寺の「大同縁起」である。おそらく大同年間に作られた縁起や資財帳を参照したと考えられるが、『四天王寺御手印縁起』にみられない伝承を記載している。「大同縁起」によると、塔に二組の四天王像があり、小四天王像四口は安倍（阿倍）大臣が安置したものとし、大四天王像四口は越天皇すなわち斉明《さいめい》天皇（?—六六一）のために造られたと記される。ここで、『日本書紀』大化四年（六四八）二月五日条の仏像四体が四天王像であったことが明らかとなる。「大同縁起」によると、四天王寺には金堂にも二組の四天王像があったことが知られ、大四天王像が「聖徳法王本故」とされ、小四天王像は上宮大后とする。ただし、先に四天王寺の創建年代を検討した際に触れたように、推古元年の造営開始は事実とはみなせず、また、それに遡る崇仏《すうぶつ》論争をめぐる戦闘時において聖徳太子が四天王に願をかけた話も説話的色彩が濃いものである。また、福山敏男氏が説いたように、『七大寺日記』に法隆寺金堂の四天王像が四天王寺金堂の四天王像とほぼ同一であることが知られ、しかも現存する法隆寺金堂の四天王像のうち広目天《こうもくてん》には「山口大口費《やまぐちおおぐちのあたい》」の銘文があることから、孝徳朝に活躍した漢山口直大口の作品であるか、少なくとも関係が深いことが判明するので、聖徳太子生存中の制作年代を想定することは困難である（福山敏男「四天王寺の創立年代に関する研究」『東洋美術』二一号、一九三五年）。やはり、四天王寺の四天王像は、金堂のものも含め、孝徳朝から天智朝にかけて安置されたと考えるのが妥当であろう。

　四天王寺がいつから「四天王寺」と称したかは不明である。寺院の漢風号すなわち法号が天武五年（六七六）の「諸寺の名を定む」という命を受けてはじまったと考える意見も有力であるが、一方、それ以前にあってもかまわないとする考えもある。四天王寺に関しては、四天王像が集中して置かれていく孝徳朝から天智朝にかけての時期に四天王寺の呼称がはじまったとする方がふさわしいように思う。なお、それ以前は地名に基づく荒陵寺《あらはかでら》であったのであろう。

図 26　広目天と光背銘文
（法隆寺所蔵）

法隆寺の四天王像　先に触れたように法隆寺金堂にも孝徳朝ごろに制作されたと考えられる四天王像が現存している。しかし、この仏像についても来歴に不明な点が多く、議論の的になってきた。その最たるものが、『法隆寺伽藍縁起并流記資財帳』に挙げられていないという点である。しかし、同じ資財帳には、「四天王分」として穀が挙げられている点や、平安時代以降の法隆寺に関する記録が、橘寺からの仏像の移入について書き上げているにもかかわらず、四天王像の移動についてはまったく触れられていないといった点から、四天王像が後世にどこからか法隆寺にもたらされたと考えることは困難である。単に資財帳に漏れたとも考えにくいので、あるいは意図的に隠された可能性もあるように思う。

ともかく、法隆寺金堂の四天王像を法隆寺すなわち斑鳩寺本来のものとして考えると、いくつか重要な論点が浮かび上がってくる。それは、この像が造られたまさにその時期に法隆寺に封戸が与えられていることである。これは資財帳によって知られる点であるが、大化三年（六四七）九月二十一日に許世徳陀高臣《こせとくだこおみ》（巨勢徳陀古臣）によって納められたとする。巨勢徳陀古臣は大化五年、阿倍倉梯麻呂の死去後に左大臣に任ぜられる高官である。

斑鳩寺と百済大寺　四天王寺および法隆寺がほぼ時を同じくして政権を構成する高官によって梃子《てこ》入れをされていることがわかるが、この背景には舒明朝以来の仏教政策があると考えられる。ここで、再び瓦から考えてみることにしたい。百済大寺の創建瓦のうち軒丸瓦が四天王寺の瓦と同笵関係にあることはすでに触れた。それに組み合う軒平瓦は、斑鳩寺の瓦と同笵関係を持つことが知られている。すなわち若草伽藍の造営末期に用いられた型押しの忍冬唐草文軒平瓦213Bが木之本廃寺と吉備池廃寺で出土しているのである。六四〇年代に行われた百済大寺の造営は、四天王寺や斑鳩寺と密接な関係を持っていたことが明らかであり、距離的には近い飛鳥寺の影響はほとんどないことが特徴的である。したがって、この時期には、四天王寺と法隆寺が特別な格付けを獲得した結果として、四天王像を安

図27　吉備池廃寺の創建瓦

置することにつながったと考えられるのである。四天王はもちろん護国思想と密接な関係を持つ仏像であり、対外関係の緊張により重視される過程をたどる。その信仰の開始は推古朝まで遡るのではなく、やはり孝徳朝から天智朝にあったと考えられている（今城甚造「日本における四天王像の起源」『仏教芸術』五九号、一九六五年）。なお、百済大寺の後身にあたる大安寺の『大安寺伽藍縁起幷流記資財帳』にも四天王像が掲げられ、天智天皇によるものとされている。時期的にはやや下るけれども、四天王寺や法隆寺との関係を考えるうえで注目できよう。

また、四天王と深い関わりを持つ金光明《こんこうみょう》経《きょう》八巻が甲午年に持統天皇により法隆寺に納められたこと、および百済大寺の後身の大官大寺にももたらされていることが、それぞれの資財帳からわかる。この年の閏五月三日の詔では、京師および畿内で金光明経を講説させることが『日本書紀』にあり、これと対応することが明らかである。四天王を安置する法隆寺にとって、金光明経講説の寺院に選ばれるのは当然であったと考えられる。

最後に、孝徳朝の斑鳩寺がどのような態様であったかを考えておかねばならない。天智九年（六七〇）の火災説では若草伽藍がこの段階の伽藍になり、それ以前に、たとえば山背大兄王の事件に際して破壊を被ったとする立場では、西院伽藍があたることになる。現状ではにわかに判断を下すことができないが、参考になる事実として、吉備池廃寺が法隆寺式伽藍配置であったということが挙げられる。吉備池廃寺が百済大寺であるとすると、法隆寺西院伽藍が百済大寺の方式に合わせて伽藍の配置を変更したということになるからである。先に触れたように、法隆寺と百済大寺はきわめて深い関係にあったと考えられ、伽藍配置を変更する理由としては、その関係が最も根拠としてふさわしい。その変更が六四〇年代に行われたのか、あるいは天智朝の火災を契機に六七〇年代に行われたのかは不確定である。しかし、天武天皇二年（六七三）百済大寺が移転して高市大寺となる段階には伽藍配置を変更していたと考えられるので、西院伽藍の造営はそれまでに着手していたと言えるだろう。もし、天智九年の記事に拘泥しなければ、孝徳朝から天智朝にかけての仏教政策のなかで四天王を重視する護国の寺院としての役割が与えられ、四天王寺とともに重要な位置づけを得、その結果として、伽藍もそれによりふさわしい法隆寺式伽藍配置に改められたと考えることができるのではないだろうか。西院伽藍建設の計画は、天智九年よりもかなり遡らせる方が、法隆寺の歴史を理解しやすくなると考える。

考古学による史料批判　法隆寺や四天王寺をはじめとする聖徳太子と関係の深い寺院については、数多くの文献が残され、また建築史や美術史のアプローチも加えて考察が積み上げられてきた。その結果、あらゆる可能性が検討されていると言っても過言ではない。しかし、史料の多くが聖徳太子信仰が盛んになってからのものであり、事実を掘り起こす材料として限界もあって、議論が水掛け論に陥っている場合も少なくない。それに対し、考古学の資料は、文献の記載を検証する、いわば史料批判の材料として用いることを通して、新たな事実を把握することが可能になると考える。本稿で述べてきたように、斑鳩寺をはじめとする諸寺の創建年代や創建時の関係については、考古学のデータからかなり絞り込めるようになっている。それに加えて、法隆寺や四天王寺が持っている重要性もまた、新たに浮かび上がらせることが可能になってきた。

法隆寺や四天王寺の展開を考えるうえでは、聖徳太子との結びつきももちろん重要ではあるけれども、その後の孝徳朝前後の梃子《てこ》入れが果たした役割も決して小さくないことが明らかになった。すなわち、百済大寺を中心とする新たな仏教勢力が成立する過程で、その一翼を担う位置を獲得したと考えるのである。これこそ、四天王に代表される護国仏教の最初の営為であったと評価できよう。この政策の背景には、唐から帰国した留学僧たちの活躍があったものと考えられる。すなわち遣隋使、遣唐使で蒔《ま》かれた種が実を結び、最新の中国仏教の思想が輸入されて、新たな可能性が拓かれたものと推測する。したがって、法隆寺や四天王寺の発展の礎を、聖徳太子という個人に帰するのではなく、その没後に活躍した留学僧たちの働きを重視する見方が必要であると考える。彼らこそ、日本人最古の名僧たちと言えるのではないだろうか。

あとがき

正確に何時のことであったか記憶が定かでないが、吉川弘文館編集部の大岩由明氏より「日本の名僧」シリーズの企画を伺い、その第一巻に相当する『和国の教主　聖徳太子』の編者を依頼されたとき、正直言って躊躇《とまど》いを感じざるを得なかった。その理由は、当時少なからず聖徳太子の去就と存在意義について関心を抱き、自分なりに合理的な解釈ができぬかと苦慮していたところであったが、聖徳太子関係の伝承にはきわめて不合理な点が多く、どちらかと言えば、後世創り上げられたキャラクターであるという考えに近いものを感じていたからである。当初からこのような聖徳太子観を抱きながら、その聖徳太子をタイトルとする論集の編者が務まるのかというのが、実感であった。

さらに今一つの理由は、聖徳太子が日本の「名僧」の一人に加えられてよいのかという疑問である。言うまでもなく、聖徳太子は俗人であって、出家したという形跡はない。律令制身分秩序の確立される以前の段階であることからすれば、僧俗の区別に拘泥する必要はないのかも知れないが、それでも、「行基《ぎょうき》」以下の僧侶とは異なった身分であることは疑いない事実である。この点、おそらく本シリーズの企画段階でも考慮されたことと思うが、それぞれの時代における展開に重要な役割を果たした人物に対する考察を通じて、日本仏教の軌跡を辿ろうとする場合、聖徳太子に触れずしてそれを志すことは不可能に近いのも確かであり、また年代の点で聖徳太子から説き起こすことは、決して不当ではないと言わねばならない。色々と愚考を巡らせた結果、むしろ従来の聖徳太子関係の研究書にはなかった、独自の視点が盛り込まれればと考え、執筆者とテーマについては編者の意向を反映して頂くということで、お引き受けすることにした。

巻頭の「私の聖徳太子」については、当該期の政治・社会等多面にわたり研究成果を公表され、また『わたしの法隆寺』という書を出版された直木孝次郎先生、聖徳太子伝研究の第一人者であり、綿密な史料批判に基づく研究の成果を世に問われている林幹彌先生、そして、やはり当該期の政治・社会構造等について研究を進められ、とりわけ聖徳太子や蘇我氏の評価に関して独自の見解を呈されている門脇禎二先生のお三方に、是非ご執筆賜るようにお願いし、快諾を頂くことができた。また、各論については、古代仏教史のみならず、聖徳太子と上宮王家、法隆寺とその資財、斑鳩という地域の特性等に関心を抱き、研究を進めている方々に執筆をお願いすることにした。本シリーズの趣旨からすれば、聖徳太子の事績についての検討を踏まえたうえで、日本仏教史上におけるその位置づけについて再評価を行うべく、各論を構成すべきところであろうが、研究者により大きく評価が異なる現状においては、かえって混乱を来すことも危惧されるため、法隆寺など太子の「周辺」の問題をも盛り込み、多角的に分析することを試みた。行論上考察主題の重複や評価の相違が生じても、あえて調整を行わず、逆に独自の所見を強調して頂くことを希望したが、もし、全体として一貫性に欠けるという批判を受けるならば、それはひとえにこのような編者の考えによるものであり、読者諸賢のご海容をお願いする次第である。

最後になったが、大変ご多忙の中、ご寄稿頂いた三先生はじめ各論の筆者の方々、吉川弘文館編集部に心よりお礼を申し上げるとともに、本来ならばシリーズの初巻として発刊されねばならないところ、編者の都合で大きく遅延し、諸方面にご迷惑をお掛けしたことを、改めてお詫び申し上げたい。

二〇〇四年七月

本郷真紹

参考文献

（1）太子関係史料

家永三郎他校注『聖徳太子集』（日本思想体系二）岩波書店　一九七五年
坂本太郎他校注『日本書紀』下（日本古典文学大系六八）岩波書店　一九六五年
中村元責任編集『聖徳太子』（日本の名著二）中央公論社　一九七〇年
花山信勝校注『勝鬘経義疏』（岩波文庫）岩波書店　一九四八年
花山信勝校注『法華義疏』上・下（岩波文庫）岩波書店　一九七五年
『聖徳太子傳叢書』（大日本仏教全書）名著普及会　一九七九年

（2）論考

飯田瑞穂『聖徳太子伝の研究』（飯田瑞穂著作集一）吉川弘文館　二〇〇〇年
家永三郎『上宮聖徳法王帝説の研究』（増訂新版）比較文化研究所　二〇〇一年
石田尚豊編集代表『聖徳太子事典』柏書房　一九九七年
上田正昭『聖徳太子――渡来文化のうずしお――』（日本を創った人びと）平凡社　一九七八年
上原　和『斑鳩の白い道のうえに――聖徳太子論――』朝日新聞社　一九七五年
大野達之助『聖徳太子の研究――その仏教と政治思想――』吉川弘文館　一九七〇年
大山誠一『長屋王家木簡と金石文』吉川弘文館　一九九八年
大山誠一『〈聖徳太子〉の誕生』（歴史文化ライブラリー）吉川弘文館　一九九九年
大山誠一『聖徳太子と日本人』風媒社　二〇〇一年

大山誠一編『聖徳太子の真実』平凡社　二〇〇三年
小倉豊文『聖徳太子と聖徳太子信仰』綜芸社　一九六三年
門脇禎二『蘇我蝦夷・入鹿』（人物叢書）吉川弘文館　一九八〇年
蒲池勢至編『太子信仰』（民衆宗教史叢書三二）雄山閣出版　一九九九年
川勝　守『聖徳太子と東アジア』吉川弘文館　二〇〇二年
坂本太郎『聖徳太子』（人物叢書）吉川弘文館　一九七九年
聖徳太子研究会編『聖徳太子論集』平楽寺書店　一九七一年
新川登亀男『上宮聖徳太子伝補闕記の研究』（戊午叢書）吉川弘文館　一九八〇年
武田佐知子『信仰の王権聖徳太子――太子像をよみとく――』（中公新書）中央公論社　一九九三年
武光　誠『聖徳太子――変革の理念に生きた生涯――』（現代教養文庫）社会思想社　一九九四年
田中嗣人『聖徳太子信仰の成立』（古代史研究選書）吉川弘文館　一九八三年
田村圓澄『聖徳太子――斑鳩宮の争い――』（中公新書）中央公論社　一九六四年
田村圓澄・川岸宏教編『聖徳太子と飛鳥仏教』（日本仏教宗史論集）吉川弘文館　一九八五年
遠山美都男『聖徳太子・未完の大王』（ＮＨＫライブラリー）日本放送出版協会　一九九七年
直木孝次郎『わたしの法隆寺』塙書房　一九七九年
中村修也『女帝推古と聖徳太子』（光文社新書）光文社　二〇〇四年
日本仏教学会編『聖徳太子研究』平楽寺書店　一九六四年
林　幹彌『太子信仰――その発生と発展――』（日本人の思想と行動一三）評論社　一九七二年
林　幹彌『太子信仰の研究』吉川弘文館　一九八〇年
黛弘道・武光誠編『聖徳太子事典』新人物往来社　一九九一年
吉村武彦『聖徳太子』（岩波新書）岩波書店　二〇〇二年
和田萃編『聖徳太子伝説――斑鳩の正体――』作品社　二〇〇三年

略年譜

和暦	西暦	年齢	事項
敏達三	五七四	一	聖徳太子誕生す。父は用明天皇、母は穴穂部間人皇后(帝説)
用明二	五八七	一四	七月、蘇我馬子の物部守屋追討軍に加わり、戦勝を祈願する
推古元	五九三	二〇	四月十日、叔母の推古天皇、聖徳太子を皇太子とし、摂政を命じる○この年、四天王寺創建という
二	五九四	二一	二月一日、推古天皇、太子と蘇我馬子に仏教興隆を命じる
三	五九五	二二	五月十日、高句麗僧慧慈来日、太子、仏法の師とする○この年、百済僧慧聰来日する
五	五九七	二四	四月一日、百済王子阿佐来日し、太子に面会する
六	五九八	二五	三月、膳太娘を妃とする(伝暦)○四月十五日、勝鬘経を講説する(帝説)
九	六〇一	二八	二月、太子、斑鳩に宮を建てる
一一	六〇三	三〇	十月、太子、諸法師に命じ、小墾田宮で安宅経を講説させる(伝暦)○十一月一日、太子、秦河勝に仏像を授ける○十二月五日、冠位十二階制定
一二	六〇四	三一	四月三日、太子、憲法十七条を起草する○九月、黄書画師と山背画師を定める
一三	六〇五	三二	四月一日、天皇、太子らに詔し、丈六仏像(銅像と繡像)を造らせる○閏七月一日、太子、諸王・諸臣に褶を着させる○十月、太子、斑鳩宮に遷る
一四	六〇六	三三	四月八日、丈六の両仏像完成。銅像を飛鳥寺の金堂に納める○この年より灌仏会(四月八日)・盂蘭盆会(七月十五日)に設斎する○七月、天皇、太子に勝鬘経を講説させる○この年、法華経を講説、播磨国の水田百町を賜り、斑鳩寺に施入する
一五	六〇七	三四	二月一日、壬生部を定める○二月十五日、天皇の命により、太子および大臣蘇我馬

			子、諸官人を率いて神祇を拝す○七月三日、小野妹子を隋に派遣する
一六	六〇八	三五	四月、小野妹子、隋使裴世清らを伴い帰国する○九月十一日、裴世清の帰国に伴い、小野妹子再び渡隋する
一七	六〇九	三六	四月八日、太子、勝鬘経疏を著す(伝暦)○九月、小野妹子ら帰国する
一九	六一一	三八	一月二十五日、太子、勝鬘経疏完成する(伝暦)
二〇	六一二	三九	一月十五日、太子、維摩経疏を著す(伝暦)
二一	六一三	四〇	九月十五日、維摩経疏完成する(伝暦)○十二月一日、太子、片岡に遊行し、飢者に出会い、衣服と食料を与える
二二	六一四	四一	正月八日、太子、法華経疏を著す(伝暦)○六月十三日、犬上御田鍬らを隋に派遣する○八月、大臣蘇我馬子病となり、男女千人を出家させる
二三	六一五	四二	四月十五日、法華経疏完成する(伝暦)○九月、犬上御田鍬、隋より帰国する○十一月十五日、高句麗僧恵慈、高句麗に帰国する
二四	六一六	四三	五月三日、推古天皇病となる。太子、諸伽藍の建立を発願する(伝暦)
二五	六一七	四四	四月八日、太子、再び勝鬘経を講説し、褒賞として湯沐の戸を授かる(伝暦)
二七	六一九	四六	一月、畿内諸国の寺院の建立状況を検分する(伝暦)○十月、太子、天皇より薬を賜り、病人に施す(伝暦)
二八	六二〇	四七	二月、太子、斑鳩宮で宴を催す(伝暦)○この年、皇太子、大臣らとともに『天皇記』『国記』等を録す
二九	六二一	四八	十二月二十一日、太子の母穴穂部間人皇后薨去(帝説)
三〇	六二二	四九	二月二十一日、太子の妃膳大刀自薨去(帝説)○二月二十二日、太子、斑鳩宮にて薨去(帝説)○この月、太子を磯長陵に葬る

＊帝説＝『上宮聖徳法王帝説』、伝暦＝『聖徳太子伝暦』、他は『日本書紀』に拠る。

執筆者紹介（生年、現職、主要著書）―執筆順

直《なお》木《き》孝《こう》次《じ》郎《ろう》　一九一九年生まれ　大阪市立大学名誉教授
『日本古代国家の構造』青木書店、一九五八年
『飛鳥奈良時代の研究』塙書房、一九七五年

林《はやし》　幹《みき》彌《や》　一九二四年生まれ　元東京大学教授
『太子信仰――その発生と展開――』評論社、一九七二年
『太子信仰の研究』吉川弘文館、一九八〇年

門《かど》脇《わき》禎《てい》二《じ》　一九二五年生まれ　京都府立大学名誉教授、京都橘女子大学名誉教授
『「大化改新」史論』上・下、思文閣出版、一九九一年
『飛鳥と亀形石』学生社、二〇〇二年

本《ほん》郷《ごう》真《まさ》紹《つぐ》　→別掲

曾《そ》根《ね》正《まさ》人《と》　一九五五年生まれ　就実大学教授
『古代仏教界と王朝社会』吉川弘文館、二〇〇〇年
『神々と奈良仏教』雄山閣出版、一九九五年（編著）

鷺《さぎ》森《もり》浩《ひろ》幸《ゆき》
一九六〇年生まれ　高野山大学非常勤講師
『日本古代の王家・寺院と所領』塙書房、二〇〇一年
「八世紀の法華寺とそれをめぐる人びと」(『正倉院文書研究』四、一九九六年)

山《やま》本《もと》崇《たかし》
一九七二年生まれ　奈良文化財研究所研究員
「宇多院宣旨の歴史的前提」(『古文書研究』四八号、一九九八年)
「秋篠庄と京北条里」(『続日本紀研究』三二四号、二〇〇〇年)

菱《ひし》田《だ》哲《てつ》郎《お》
一九六〇年生まれ　京都府立大学助教授
『歴史発掘10　須恵器の系譜』講談社、一九九六年
「考古学からみた古代社会の変容」(吉川真司編『平安京』日本の時代史5、吉川弘文館、二〇〇二年)

編者略歴

本郷真紹

一九五七年　大阪府に生まれる

一九八七年　京都大学大学院文学研究科博士課程修了

現在　立命館大学教授

〔主要著書・論文〕

『白山信仰の源流』(法蔵館、二〇〇一年)

「奈良仏教と民衆」(佐藤信編『律令国家と天平文化』日本の時代史4、吉川弘文館、二〇〇二年)

「行基と律令国家」(速水侑編『民衆の導者　行基』日本の名僧2、吉川弘文館、二〇〇四年)

日本の名僧　1

和国の教主　聖徳太子

二〇〇四年(平成十六)十一月一日　第一刷発行

編者　本《ほん》郷《ごう》真《まさ》紹《つぐ》

発行者　林　英男

発行所　株式会社　吉川弘文館

郵便番号一一三—〇〇三三

東京都文京区本郷七丁目二番八号

電話〇三—三八一三—九一五一〈代表〉

振替口座〇〇一〇〇—五—二四四

http://www.yoshikawa-k.co.jp/

印刷＝株式会社 理想社

製本＝誠製本株式会社

装幀＝清水良洋

ISBN4-642-07845-2

刊行のことば

二十一世紀を迎えた現代社会は、永い人類史の到達点として誰にとっても豊かで輝かしい世紀でなければなりません。しかしながら、現実はバブル経済破綻の後遺症としての雇用不安や、社会福祉の後退にともなう将来不安、信じがたいさまざまな事件による社会不安が、人びとの心に深い影を落し、人間相互の不信を増幅しています。また、産業構造の変化や情報革命といわれるように、歴史上でも大きな社会変革期に当って、多くの人びとに精神的な動揺をもたらしています。

小社では、このような混迷の時代を生きる指針として、『日本の名僧』全十五巻を企画立案いたしました。名僧に関する出版物が溢れる中で、生きる指針としての欲求を満たすために、全巻同一の視点から名僧たちを客観的に追究し、実像を浮かび上がらせたいと考えました。かつての仏教学・宗教学からの研究は、ともすると名僧の多くが宗祖であるがゆえに宗派内の価値観に囚われ、また歴史学からの研究は、その足跡をたどりながら政治権力との関わりや文化史的意義を問いながらも、名僧の内面の襞までは捉えていないように見えます。そこで、これらの名僧をそれぞれの専門分野から多面的に捉え、生きた名僧像を捉えられるような構成といたしました。

本叢書で取り上げる名僧たちは、現代と同様な社会変動期を私たちと同じようにさまざまな事柄に悩みながらも、混迷する社会の中で思索を重ね行動し、強い意志を持って生き抜いた人たちです。これら名僧たちを追体験しながら、その生きざまが何ゆえに現代人の魂を揺さぶるのかの再確認を通して、読者が混迷する現代社会の中に新しい価値観を創造し、新時代の建設に役立てていただくことを期待するものであります。

二〇〇三年六月

吉川弘文館